공감
소통

공감소통

공감하면 사람은 90%가 바뀐다

문충태 지음

중앙경제평론사

공감 소통을 잘하는 사람이 진짜 프로다

두 가지 소통 도구가 있다

'인간은 사회적 동물'이라고 한다. 이 말은 인간은 혼자 살아가는 것이 아니라 사람들과의 관계 속에서 살아가고 있다는 말이다. 작게는 가족으로 시작해서, 학교, 직장, 사회단체, 각종 커뮤니티 등에서 사람들과 이런저런 관계를 맺으며 살고 있다. 사람들과의 관계를 만들어가는 데는 소통이 필연적이다. 어떻게 소통하느냐에 따라 좋은 관계를 만드느냐, 아니면 나쁜 관계를 만드느냐가 결정된다.

소통을 하는 데에는 크게 두 가지 도구를 사용하게 된다. 하나는 내 생각과 의견을 청각적인 도구를 사용하는 말이라는 것이요, 다른 하나는 시각적인 도구를 사용하는 글이라는 것이다. 먼저 청각적인 도구인 말을 소통 도구로 사용하는 경우를 보자.

아내 : 아니, 당신은 왜 내 말을 못 알아들어?

남편 : 말을 똑바로 해야 알아듣지.

아내 : 내 말이 어때서? 다른 사람은 다 알아듣는데 당신만 못 알아들어.

남편 : 당신이 주어, 동사 다 빼버리고 밑도 끝도 없이 말하는데 그게 무슨 뜻인지 내가 어떻게 알아? 내가 당신 마음속에 들어가 있는 것도 아니고…….

이 부부는 오늘도 대화를 시작한 지 5분도 안 되어 싸우고 있다. 처음에는 좋은 분위기 속에서 대화를 시작했는데 5분도 안 되어 언쟁이 시작되고 서로 얼굴이 붉으락푸르락해지면서 험한 말까지 오가고 있다.

이러한 일이 어디 이 부부만의 일일까? 학교에서, 직장에서, 동호회에서, 사회관계망 속에서 이런 일들은 비일비재하게 일어나고 있다. 왜 그럴까? 말하는 방법을 모르기 때문이다. 특히 공감 소통에 대한 기본이 안 되어 있기 때문이다. 자기 입장에서 자기 말만 하기 때문에 소통이 안 될 뿐만 아니라 서로의 관계도 안 좋게 되는 것이다.

두 번째 시각적인 도구인 글을 소통 도구로 사용하는 경우를 보자. 우리는 시시때때로 핸드폰으로 문자 메시지를 보낸다. 그러다가 엉뚱한 사람에게 문자 메시지를 잘못 보내는 경우가 있다. 문자 메시지를 잘못 보낸 상대방으로부터 이런 답장 메시지를 받았다.

"너, 누구냐?"

이런 메시지를 받으면 어떤 생각이 드는가? 황당하다. '헉, 내가 엉뚱한 사람에게 문자 메시지를 보냈네'라는 생각에 일순 당황하게 된다. 그러나 상대방에게 내가 실수로 문자 메시지를 보낸 것에 대한 미안한 생각은 들지 않는다. 오히려 불쾌하고 화가 난다. '뭐, 이런 무례한 사람이 다 있어'라는 생각이 들기 때문이다.

"너, 누구냐?"라고 답장 메시지를 보낸 사람을 보라. 소통할 줄 모르는 사람이다. 공감 지수가 낮은 사람이다. 자기중심적으로 살아가는 사람이요, 상대방에 대한 배려도 없다. 그가 사용하는 언어는 수직적인 언어다. 수직적인 관계에서 상대방에게 지시하고 명령하고 통제하는 데 익숙한 사람이다. 그래서 그의 주변에는 사람이 없다.

가까운 사람도 등을 돌려버리고 관계가 망가지는 경우가 많다. 그에게 공감 지수가 있었다고 한다면 어떤 답장 메시지를 보냈을까?

"번지수를 잘못 알고 있는 것 같네요. 정확한 주소 확인 바랍니다."

이런 답장 메시지를 받으면 "헉, 내가 엉뚱한 사람에게 문자 메시지를 잘못 보냈네"라고 하면서 "불편하게 해드려 정말 죄송합니다"라는 사과 메시지를 보내지 않았을까?

두 가지 소통 도구, 즉 말과 글로 소통하는 경우를 살펴보았다. 두 사례의 공통점은 소통할 줄 모른다는 것이다. 정확하게 말하면 공감 소통을 모른다. 상대방의 마음을 움직이게 하는 공감 소통을 할 줄 모르기 때문에 허구한 날 다툴 뿐만 아니라 사람들과의 관계가 불편해진다.

소통하는 방법도 배워야 한다. 입에서 나온 말이라고 해서, 손으로 쓴 글이라고 해서 모두가 소통이 되는 것이 아니다. 어떤 말은 사람을 죽이는 말이 있고, 어떤 글은 사람의 마음에 날카로운 비수가 되어 치명적인 상처를 입히는 경우가 많다.

사람을 살리는 말, 관계가 살아나는 소통을 해야 한다. 내 입에서 나온 한마디가, 내가 보낸 글 하나가 따뜻하고 행복한 관계를 만들어 갈 수 있어야 한다. 그런 의미에서 이 책을 쓰기 시작했다. 스스로 변하게 하고 스스로 움직이게 하는 방법이 '공감 소통'이다. 진짜 프로들이 사용하고 있는 소통 방법이 '공감 소통'이다. 즉, 공감 소통을 잘하는 사람이 좋은 관계를 만들어가고 있고 그런 사람이 진짜 프로다.

공감 소통을 배우자

이 책은 공감 소통을 쉽게, 효과적으로 익히기 위해서 프로세스별로 정리했는데 총 4장으로 구성되어 있다.

1장은 공감 소통을 위한 워밍업(warming up) 단계이다. 수영을 할 때 곧바로 물에 뛰어들지 않는다. 먼저 준비 운동을 하고 몸에 살짝 물을 적신 후 수영을 하게 된다. 준비 운동도 없이 곧바로 물에 뛰어들어갔다가는 자칫 심장 마비에 걸릴 수 있기 때문이다. 이 책의 1장 공감 소통 워밍업 단계는 공감 소통을 위한 준비 운동 단계이다. 공감 소통이란 무엇인가, 왜 공감 소통을 해야 하는가, 공감 소통에 도움이 되는 것은 어떤 것들이 있고, 공감 소통을 방해하는 것은 어떤 것들이 있는가에 대한 설명을 한다. 공감 소통에 대한 의미를 알고 접근해야 원활한 소통을 할 수 있게 되기 때문이다.

2장은 공감 소통 기본기를 다지는 단계이다. 프로 선수가 되려면 기본기가 제대로 되어 있어야 한다. 기본기가 제대로 되어 있어야 상황에 제대로 대처할 수 있고 또 기본기가 제대로 갖추어져 있어야 그 기본기를 바탕으로 응용 기술도 펼칠 수 있게 된다. 공감 소통을 위해서는 무엇을 먼저 해야 하느냐, 즉 말을 잘해야 하느냐 아니면 듣는 것을 잘해야 하느냐에 대한 물음부터 시작한다. 친숙한 분위기를 만들기 위해서는 어떻게 접근해야 하고, 처음 말문을 열 때는 어떻게 해야 하는가에 대한 구체적인 방법을 제시한다.

3장은 공감 소통 응용 기술을 익히는 단계이다. 기본기를 바탕으로 응용 기술이 나온다. 공감 소통을 잘하기 위한 응용 기술은 무엇이며 어떤 응용 기술을 어떻게 활용할까? 사소한 것 챙겨주기, 숫자 활용 방법, 언어유희, 쿠션 언어, 상대방 언어, 입체적 설명 등 공감 소통을 잘하기 위한 구체적인 사례들을 제시한다.

4장은 공감 소통 실전 활용 단계이다. 앞에서 익혔던 공감 소통 기본기, 공감 소통 응용 기술을 바탕으로 현장에서 활용하는 소통 방법을 체계적으로 익히는 단계이다. 그림그리기에는 화룡점정이라는 것이 있는데 4장은 공감 소통의 화룡점정 단계이다. 용을 그릴 때 마지막으로 용의 눈동자를 그려줌으로 용이 생명력을 갖게 되는 것을 화룡점정이라 하는데, 공감 소통의 화룡점정 단계가 바로 4장 공감 소통 실전에서 활용 단계라고 할 수 있다. 공감 소통 3·3·3 프로세스, 세부내용 설명 ABC 전략, 소통이 다이내믹해지는 스토리텔링, 적도 내 편으로 만드는 카타르시스 기법, 싸우지 않고 품격있게 말하는 I-Message, 논리적으로 설명하는 PREP 전략 등 현장에서 활용할 수 있는 소통 방법을 소개한다.

공감하면 사람은 90%가 바뀐다

공감 소통은 사람을 살리는 소통 방법이다. 결론부터 말하면 사람과의 관계를 살리는 것이다. 기를 살리고, 자존감을 살리고, 의욕을 살리고, 그래서 궁극적으로 사람과의 관계가 살아나게 하는 소통 방법이다.

공감 소통을 잘하는 사람은 소통을 할 때 설득하려 하지 않는다. 공감 소통을 모르는 사람들이 사람들과 소통할 때 설득하려고 하는 우를 범하게 된다. 내 중심으로 상대방을 변화시키기 위해서 설득하려고 덤빈다. 그러나 설득의 방법으로 접근하면 상대방은 변하지 않는다. 많은 에너지를 필요로 할 뿐만 아니라 그 결과 또한 신통치 않다. 그래서 나는 강조하고 강조한다.

'설득하려 하지 말고 공감하게 하라.'

'설득'이라는 단어와 '공감'이라는 단어의 공통점과 차이점은 무엇일까? 공통점은 둘 다 변화의 의미를 담고 있다. 차이점은 설득과 공감은 변화의 주체가 다르다는 것이다. 설득은 남에 의해서 변화되는 것이고, 공감은 자기 스스로 변하는 것이다.

사람을 변화시키는 가장 좋은 방법은 스스로 변하게 하는 것이다. 즉, 공감하게 만드는 것이다. 공감하게 되면 스스로 변하고 그러면 설득은 저절로 된다. 공감하면 사람은 90%가 바뀌기 때문이다.

사람들과 좋은 관계를 만들기 위한 소통 방법은 무엇일까? 사람들로 하여금 나를 좋아하게 만들고 적도 내 편으로 만들기 위해서는 어떤 소통 방법을 사용해야 할까? 이런 질문을 받으면 나는 한마디로 대답한다.

"공감 소통으로 풀어라."

- 차례 -

공감 소통

3장 응용 기술 익히기

공감 소통 ———————————————————————————

실전 연습하기

1장

공감 소통
워밍업(Warming up)

운동에는

준비운동이 필요하다.

공감 소통에도

준비운동이 필요하다.

왜 공감 소통인가?

통하면 아프지 않다

통즉불통 불통즉통(通卽不痛 不通卽痛)

허준의 《동의보감》에 나오는 문구이다. 무슨 뜻인가? 통할 통(通),
곧 즉(卽), 아니 불(不), 아플 통(痛), 아니 불(不), 통할 통(通), 곧 즉(卽),
아플 통(痛). '통하면 아프지 않고 통하지 않으면 아프다'라는 말이다.

우리 심장을 보라. 지금 이 시각에도 심장은 끊임없이 쿵쾅쿵쾅하
면서 피를 뿜어주고 있다. 심장에서 나온 피가 우리 몸 구석구석 모
세혈관까지 어느 한 곳 막힘없이 잘 통해야만 우리에게는 아무런 문
제가 없다.

그런데 어느 한 곳이라도 막힌 곳이 있다면 몸에 이상 증상이 나
타난다. 즉, 심장에서 뿜어준 피가 머리로 올라가서 머리끝 모세혈

관까지 막힘없이 잘 통해야 하는데, 머리 부분의 어느 한 곳에서 막히게 된다면 어떻게 되는가?

뇌경색이 일어난다. 그러면 그 후유증이 어마어마하다. 반신불수가 되거나, 치매에 걸리거나, 말을 못하거나, 기억력을 잃게 된다. 또 심장에서 뿜어진 피가 다리 끝 모세혈관까지 막힘이 없이 잘 통해야 하는데 다리로 내려가다 어느 곳에서 막혔다고 하자. 그러면 하지정맥류라는 병이 생기게 된다. 그러면 그 후유증이 엄청나다. 그래서 허준은 통즉불통 불통즉통(通卽不痛 不通卽痛), '통하면 아프지 않고 통하지 않으면 아프다'라고 했다.

통하지 않으니까 아프다

중학생 자녀를 둔 한 가정에서의 일이다. 중2 아들은 매일 아버지의 퇴근 시간을 확인한다. 아버지가 일찍 들어오는 날에는 집에 들어가지 않는다. 학교에서 곧바로 독서실로 간다. 그러면 엄마는 저녁 도시락을 독서실에 있는 아들에게 싸다 준다. 어쩌다 집에 들어가다가 퇴근하는 아버지와 마주치면 답답해진다.

"공부 열심히 하고 있냐?", "공부하는 데도 때가 있다", "너의 장래를 위해서 공부하는 거야" 등의 잔소리가 시작된다. 그러면 아들은 퉁명스러운 목소리로 아버지에게 대꾸한다.

"제가 알아서 할 테니까 제발 저 좀 가만히 놔두세요."

"이놈의 자슥이…… 아빠가 너보다 인생을 더 살았잖아. 다 너 잘 되라고 하는 소리야. 아빠가 하라고 하면 '예'라고 대답해야지."

아들은 "쾅"하고 방문을 닫고 들어가 버린다.

통하지 않고 있다. 말이 통하지 않고, 생각이 통하지 않고 마음이 통하지 않고 있다. 불통즉통(不通卽痛)이다. 통하지 않으니까 아픈 것이다. 피가 통하지 않아 뇌경색이 일어난 것처럼 말이 통하지 않아 가족 간의 소통에 뇌경색이 일어나고 있다.

그 후유증이 어마어마하다. 자녀가 아프고, 아버지가 아프고, 가정이 아프고, 관계가 아프고, 행복이 아프다. 모든 것이 다 아프다. 이같은 일이 이 가정만의 문제인가? 친구와의 관계에서, 동호회 모임에서, 작은 커뮤니티 활동에서, 비즈니스에서, 회사 생활에서 이런 일들은 비일비재하게 일어나고 있다.

공감이 있어야 소통도 있다

소통(疏通)이란 단어는 트일 소(疏), 통할 통(通) 이라는 글자로 이루어져 있다. 막힘없이 뻥 뚫려야 하는 것이 소통이다. 탁 트인 마음으로 물이 흐르듯이 서로의 마음이 흘러야 하는 것이 소통이다.

소통 : 어느 한쪽에서 일방적으로 주는 것이 아닌
서로 주고받아야 하는 마음

소통은 영어로 커뮤니케이션(Communication)이라 한다. 커뮤니케이션이라는 단어를 분해해 보라. 'Com(함께) + uni(하나)'라는 단어가 결합해 있다. '함께 하나가 된다'는 것이 커뮤니케이션이 품고 있는 뜻이다. 서로 주고받는 말을 통해 하나가 되어야 한다. 즉, 공감이 이루어져야 한다는 것이다.

공감(共感)이란 무엇인가? 한 마음, 한 느낌이라 할 것이다. 같은 마음으로 같이 느끼는 것이 공감이다. 마음이 통하고 생각이 통하고 느낌이 통하는 것이 공감이다.

오순도순 모여 앉아 따뜻하게 나누는 온기가 공감이다. 사람의 차가운 마음을 따뜻하게 녹여주는 것이 공감이다. 마음을 터놓고 상처와 아픔, 고통을 나눌 때 긴밀한 관계가 만들어지고, 깊은 소통을 하게 된다. 그래서 공감 소통이다. 진정한 소통이 이루어지려면 마음이 통하는 소통, 즉 공감 소통을 해야 한다.

왜 공감 소통인가?

공감하면 소통은 저절로 된다.

1 에너지가 적게 든다.

설득하는 것보다 공감하게 하는 것이 에너지가 적게 든다.

2 자발적으로 바뀐다.

공감하면 사람은 90%가 바뀐다.

3 적극적으로 된다.

스스로 마음을 열기 때문에 적극적으로 된다.

4 협력자가 된다.

자기중심에서 상대방 중심으로 바뀐다.

5 관계가 돈독해진다.

서로 윈윈하는 관계로 발전하게 된다.

공감 소통에 대한
기본 접근 3가지

첫째. 칵테일파티 효과

누구나 자기중심적이다

'칵테일파티 효과(Cocktail party effect)'라는 것이 있다. 영화나 드라마를 보면 가끔 칵테일파티 장면이 나온다. 칵테일파티 연회장에서 칵테일 잔을 들고 사람들이 일대일(1 : 1) 또는 삼삼오오 어울려 대화를 나눈다.

그러다 보니 주변이 굉장히 소란스럽다. 사람들의 웅성웅성하는 소리로 인해 앞에 대화를 나누고 있는 사람의 말소리가 잘 들리지 않는다. 이럴 때 사람들은 어떻게 하는가? 주변의 소음을 최대한 걸러내고 자신이 대화하는 사람의 말에만 모든 신경을 집중시킨다. 이

것을 '칵테일 파티 효과'라고 한다.

사람들은 자기가 관심 있는 것에만 집중한다. 관심이 없으면 들으려고 하지 않는다. 사람들은 자기에게 이익이 되는 것에만 집중한다. 이익이 되지 않는 것이라면 들으려고도 하지 않고 집중하지도 않는다. '칵테일파티 효과' 때문이다.

지금 이 글을 읽고 있는 당신을 보라. 이 글을 왜 읽고 있는가? 혹시나 나에게 도움이 되는 것이 있지 않을까 하는 마음에서일 것이다. 조금 읽어보다가 나에게 도움이 되지 않는다 싶으면 미련 없이 책을 '획'하고 던져버릴 것이다.

내 손에 TV 리모컨을 쥐고 있을 때를 생각해보라. TV 프로그램을 이리저리 돌리고 있다. 무엇을 찾고 있는가? 내가 좋아하는 프로그램을 찾는 것이다. 내가 좋아하지 않는 프로그램이라 한다면 그냥 핑

하고 넘겨 버린다.

소통도 그렇다. 내가 관심이 있거나 도움이 되는 이야기이면 집중해서 들으려고 한다. 그러나 내가 관심이 없는 이야기거나 나에게 도움이 되지 않는 이야기라면 집중하지도 않을뿐더러 이야기 자체를 들으려고 하지도 않는다.

<blockquote>
사람은 태어나면서부터
자기중심적으로 생각하도록 설계가 되어있다.
- 장 피아제
</blockquote>

'왜 공감 소통이냐?'라고 질문하는 사람들이 종종 있다. 나는 이런 질문을 받으면 '이기적 이타심' 때문이라고 설명한다. 사람은 누구나 이기적 이타심을 가지고 있다.

사람은 자기중심적으로 보고, 듣고, 이해하고 말한다. 그것이 잘못된 것이 아니다. 당연하다. 때로는 이기적이고 때로는 부정적이며 자기 생각만 하는 그런 존재가 사람이다. 그러나 공감하게 되면 자기중심의 이기심이 상대방 중심의 이타심으로 변하게 된다. 상대방 입장에서 보고 듣고 이해하고 말하려고 한다. 상대방을 챙겨주거나 도와

주려는 마음으로 변하게 된다.

이기심의 극적인 반전은 이타심으로 변하는 데 있다. 절망에 빛이 들어오면 희망으로 변하는 것처럼 이기심에 공감이 들어가면 이타심으로 변하게 된다. 즉, 소통에서 공감이 일어나면 자기 중심에서 상대방 중심으로 반전이 일어난다. 이것이 공감 소통으로 접근해야 하는 이유다.

상황에 따라 관점이 바뀐다

코로나19가 유행하기 1년 전에는 식당 사장이었는데 지금은 아파트 경비원으로 일하고 있는 지인이 있다. 코로나19가 터졌을 때의 일이다. 정부에서 코로나19의 확산을 방지하기 위하여 집합금지 명령을 내렸었다. 이에 따라 잘 나가던 식당에 손님들의 발길이 뚝 끊어지게 되었고 결국 식당을 접어야 했다. 그래서 아파트 경비원이 되었다. 그가 일하고 있는 아파트의 경비는 하는 일이 많았다.

경비 업무는 기본이고 매일 쏟아져 나오는 쓰레기 분리배출도 해야 했고, 주어진 담당구역에 담배꽁초도 치워야 했고 빗자루로 낙엽이나 오물 등을 청소해야 했다. 4월 초, 그가 경비원이 된 지 얼마 되지 않았을 때였다. 만발해 있는 벚꽃을 보면서 그의 마음에 만감이 교차했다. 떨어지는 벚꽃잎을 보며 그가 가지게 되었던 혼란스러웠던 마음을 나에게 토로했었는데 그때 그의 마음을 필자가 한 편의 시로 옮겨봤다.

경비원의 벚꽃

한줄기 봄바람에
우수수
하늘에서 벚꽃비가 내린다.

1년 전에는
'와~'하는 감탄사가 나왔었다.
그러나 지금은
'어이쿠'하는 탄식 소리가 나온다.

저걸 쓸어~ 말어.
그래
쓸자 쓸어
내 마음을 쓸자.

아파트 경비원으로서 그의 마음이 읽히지 않는가? 떨어지는 벚꽃
을 보면서 경비원이 되기 1년 전과 경비원이 된 지금 그의 마음이 어
떻게 달라졌는가를 알 수 있다. 사람은 상황에 따라 느끼는 감정이

다르다. 말도 그렇다. 똑같은 말이라 하더라도 어떤 상황에 놓여있느냐에 따라 받아들이는 느낌과 감정이 다르다. 똑같은 말인데 상대방의 상황이 햇볕이 환하게 비추는 화창한 날씨일 때는 긍정적인 효과를 나타내지만, 상대방이 슬프거나 힘든 상황, 즉 마음에 먹구름이 잔뜩 끼어 있는 상황일 때는 부정적으로 받아들이는 경우가 많다. 그래서 말하기 전에 상대방이 처해있는 상황부터 체크해야 하고 상대방의 상황에 따라 말하는 방법을 달리해야 한다.

인정받기를 원한다

'자기중심적이다'라는 말을 다른 말로 바꿔보면 '인정받고 싶어 한다'라는 것이다. 사람들이 바라는 것은 두 가지다.

1. 인정받는 것
2. 상대방이 자기 말에 귀 기울여 주는 것

자기가 하는 말, 자기가 하는 생각, 자기가 하는 행동을 다른 사람으로부터 인정받고 싶어 한다. 그리고 자기의 말을 들어주고 공감해 주기를 바란다.

'너는 그렇게 생각하고 있구나?'

'내가 너라면 그렇게 느낄 수도 있겠다.'

'너라면 그런 말, 그런 느낌, 그런 생각을 할 수 있겠다'라고 인정하고 출발하는 것이 공감 소통이다. '사람은 누구나 자기중심적이다', '사람의 관점은 자기가 현재 있는 위치에 따라 달라진다는 것'을 인정하면서 출발하는 것이 공감 소통이다.

'칵테일파티 효과'의 의미

사람은

1 **누구나 자기중심적이다.**
   자기가 관심 있는 것에만 집중한다.

2 **상황에 따라 느끼는 감정이 다르다.**
   자기 입장에서 보고 듣는다.

3 **인정받고 싶어 한다.**
   자기가 옳다는 것을 인정받고 싶다.

내 시각이 아니라

상대방 시각으로 접근한다.

'너라면 그런 생각, 그렇게 느낄 수 있겠다'

라고 인정해준다.

둘째. 마음 문을 여는 손잡이

스스로 열고 나와야 한다

〈세상의 빛(The light of the world)〉이라는 그림이 있다. 윌리엄 헌트가 그린 그림으로 예수가 문밖에서 문을 두드리고 있는 그림이다. 이 그림을 자세히 보면 문 바깥쪽에 문을 여는 손잡이가 없다. 이를 두고 사람들이 이 그림은 잘못 그려진 그림이라고 한다. 상식에 맞지 않는 그림이라는 것이다. 문을 여는 손잡이는 일반적으로 바깥쪽에도 있고 안쪽에도 있지 않은가?

그러나 이 그림은 잘못된 그림이 아니다. 예수가 밖에서 기다리는데 방 안에 있는 사람이 스스로 문을 열고 나오지 않으면 예수를 맞이할 수 없기 때문이다.

마음의 문을 여는 손잡이는

안쪽에만 있다.

- 헤겔

독일 철학자 헤겔은 사람 마음을 여는 손잡이는 안쪽에만 있기 때문에 사람은 스스로 마음 문을 열고 나와야지 밖에서 강제로 나오게할 수 없다고 했다. 사람 마음의 문은 남이 열 수가 없다. 본인이 스스로 열어야 한다.

어떻게 접근해야 할까?

소통하는 방법에는 두 가지가 있다. 하나는 머리로 소통하는 방법이요, 다른 하나는 가슴으로 소통하는 방법이다. 머리로 소통하는 방법을 설득이라고 한다. 설득은 밖에서 문을 두드리는 방법이다. 밖에서 문을 두드리면서 안에 있는 사람에게 '나와라, 나와라'라고 외치는 방법이다.

가슴으로 소통하는 방법을 공감이라고 한다. 안에 있는 사람이 스스로 문을 열고 나오게 하는 방법이다. 공감은 스스로 문을 열고 나오게 하는 소통 방법이다.

'설득'과 '공감'에는 공통점이 있다. 둘 다 '변화'를 추구한다. 사람의 마음을 변하게 하려는 것이다. 그러나 접근하는 방법이 다르다. 설득은 외부에서 사람의 마음을 움직이려는 것이요, 공감은 내부에서 자기 스스로 마음이 움직이게 하는 것이다.

설득보다는 공감이 소통에는 더 효과적이다. 머리로 접근하는 설득의 방법보다는 가슴으로 접근하는 공감의 방법이 사람의 마음을 움직이는 데 더 효과적이고 에너지가 적게 든다.

공감에는 변화의 에너지가 있다

혹자는 말한다. 공감하게 하는 방법보다 설득하는 방법이 더 적극적이지 않으냐고 한다. 머리로 접근하는 설득이 더 추진력이 세고 시간도 적게 걸린다고 한다. 반면에, 가슴으로 접근하는 공감은 시간이 오래 걸리고 유약한 방법이지 않냐고 주장한다. 몰라도 한참을 모르는 사람이다. 설득보다 더 적극적인 방법이 공감이다.

설득보다 공감은 힘이 더 세다. 설득은 강제적으로 움직이게 하려는 것이기 때문에 부작용도 크고 에너지도 많이 소모된다. 반면에, 공감은 스스로 움직이게 하는 것이기 때문에 부작용도 적을 뿐만 아니라 소모되는 에너지도 적다.

사람을 움직이는 비결은 오직 하나밖에 없다.

스스로 움직이고 싶도록 만드는 것이다.

- 데일 카네기

자석에는 플러스극(+)과 마이너스극(-)이 있다. 머리로 접근하는 설득은 마이너스극(-)이라 할 수 있다. 이성적인 머리로 접근하는 냉정한 방법이기 때문이다. 사람은 누구나 자기중심적이라 했다. 대화에 임할 때 상대방은 자기중심적으로 차가운 머리로 접근하고 있다. 자석에서의 마이너스극(-)에 속한다.

"그렇게 하면 안 돼."

"내가 이렇게 하라고 했잖아."

"도대체 왜 그러는 거야."

설득하려고 할 때 많이 사용하는 말들이다. 설득의 마이너스극(-)
과 상대방의 마이너스극(-)이 만나는 형태다. 자석에서 마이너스극
과 마이너스극이 만나면 어떻게 되는가? 서로 밀어내지 않는가? 설
득의 방법으로 접근하면 소통이 힘든 이유가 여기에 있다. 마이너스
극과 마이너스극이 만났기 때문에 서로 밀어내는 것이다.

"그런 일이 있었네요. 몰랐어요."

"힘내세요. 제가 응원하고 있잖아요."

"함께 해결 방법을 찾아봐요."

공감하게 하고자 할 때 많이 사용하는 말이다. 가슴으로 접근하는
공감은 플러스극(+)이다. 감성적인 가슴으로 접근하는 따뜻한 방법
이다. 자석에서 플러스극(+)과 마이너스극(-)이 만나면 어떻게 되는
가? 딸까닥하고 달라붙지 않는가? 공감의 플러스극(+)과 상대방의
마이너스극(-)이 만나면 딸까닥하고 달라붙는다. 그래서 소통이 쉽
게 이루어지는 것이다.

'공감'이라는 단어를 보라. 안에서 스스로 변화한다는 의미가 들어

있다. 밖으로부터의 인위적인 변화가 아니라 내부로부터의 자발적인 변화가 일어나기 때문이다. 그러기에 공감이 설득보다 에너지가 적게 들어간다. 사람 마음의 문을 열게 하기 위해서는 설득의 방법보다 공감의 방법으로 접근하는 것이 더 좋다.

우리가 흔히 범하는 오류 중의 하나가 설득하려고 덤빈다는 것이다. 상대방을 강제적으로 내가 의도하는 대로 바꾸고자 하는 것이다. 이제부터는 접근하는 방법을 바꿔보자. 설득하는 방법이 아니라 공감하는 방법으로 말이다.

공감 소통 접근 방법

> **공감 소통**은
> '**머리**'가 아니라 '**가슴**'으로 접근해야 한다.

머리의 특징

머리는 차가운 것을 좋아한다.

머리는 긴장을 좋아한다.

머리는 따지는 것을 좋아한다.

머리는 앞서가기 좋아한다.

머리는 받기를 좋아한다.

가슴의 특징

가슴은 따뜻한 것을 좋아한다.

가슴은 여유를 좋아한다.

가슴은 이해하기 좋아한다.

가슴은 같이 가기 좋아한다.

가슴은 주는 것을 좋아한다.

셋째. 선입관

누구의 잘못일까?

인터넷에 재미있는 그림이 올라와 있었다. 〈남자는 억울해〉라는 제목이 붙어있는 그림이었다. 아내가 남편에게 부탁했다.

"여보, 거기 있는 감자 반만 깎아줘요."

그러자 남편이 "오케이, 알았어요"라고 하면서 즐거운 마음으로 감자를 깎아주었다. 그런데 남편이 깎아 놓은 감자를 보고 아내가 "헉"하면서 기겁했다. 남편이 감자 하나하나 반 정도만 깎아 놓은 것이다. 아내는 전체 감자 중에서 절반 정도의 양만 깎아 달라고 했던 것인데 남편은 감자를 개별적으로 반만 깎아 달라는 것으로 알아들은 것이다.

이런 결과를 만든 것은 누구의 잘못일까? 한 강의장에서 이 질문을 했더니 여성 한 명이 큰 목소리로 대답했다. "앞뒤가 꽉꽉 막힌 멍청한 남편이요." 이 소리에 강의장은 한바탕 웃음바다가 되었다.

소통에 오류가 생긴다

내가 하는 말을 상대방이 제대로 알아듣지 못하고 엉뚱한 방향으로 해석하는 경우를 '커뮤니케이션 오류'라고 한다. 앞에 소개했던

〈남자는 억울해〉에서 아내의 부탁에 남편이 엉뚱하게 행동한 것이 대표적인 경우다.

왜 커뮤니케이션 오류가 일어나는 것일까? 선입관 때문이다. 말하는 사람에게 선입관이 있고, 듣는 사람에게 선입관이 있다. 말하는 사람이나 듣는 사람 모두에게 선입관이 있어서 커뮤니케이션 오류가 일어나는 것이다.

먼저, 말하는 사람이 가지고 있는 선입관이다. 이 선입관 때문에 '생략'이라는 현상이 일어난다. 말하는 사람은 자기가 말하고자 하는 내용에 대해 잘 알고 있다. 말하고자 하는 것에 대한 전후좌우 배경에 많은 정보를 가지고 있다. 그런 상태에서 상대방에게 이야기할 때 상대방도 이 정도는 알고 있을 것이라고 생각해서 전후좌우 배경을 생략해버리고 자기가 하고자 하는 핵심만 말한다.

〈남자는 억울해〉라는 이야기를 보라. 아내는 요리 분야에는 전문가다. 오랜 경험을 통해서 많은 정보를 가지고 있고, 자기만의 풍부한 노하우가 있다. 요리에 대한 시각이 넓다. 그런 지식과 노하우를 가진 상태에서 남편에게 감자를 반만 깎아달라고 부탁했다.

아내의 상식으로는 남편이 당연히 이 정도는 알 것으로 생각했고 그래서 단도직입적으로 '반만 깎아달라'라고 했다. 말하는 사람의 선입관, 즉 생략에 의한 커뮤니케이션의 오류이다.

두 번째는 듣는 사람이 가지고 있는 선입관이다. 이 선입관 때문에 '왜곡'이라는 현상이 일어난다. 듣는 사람은 상대방이 말하고자 하는 것에 대해서 잘 모른다. 전후좌우 사정도 모르고, 그 말이 가지고 있는 배경도 모른다. 상대방이 말하는 것에 대해 자기가 가지고 있는 정보의 틀 안에서 상대방의 말을 해석하려고 한다. 이것 때문에 왜곡 현상이 일어난다.

〈남자는 억울해〉라는 이야기를 보라. 남편은 요리를 모른다. 자기의 전문 분야가 아니다. 감자의 용도도 모르고, 조리법도 모른다. 요리에 대한 지식이 없다. 그쪽에 대한 정보도 없다.

그런데 아내가 감자를 반만 깎아 달라고 한다. 남편은 자기가 가지고 있는 정보의 틀 안에서 감자를 개별적으로 반만 깎는 것으로 생각했고 그래서 반만 깎았다. 아내가 말한 것에 대한 왜곡 현상이 일어난 것이다. 듣는 사람의 선입관, 즉 왜곡에 의한 커뮤니케이션 오류가 일어난 것이다.

선입관을 없애야 한다

원활한 소통이 이루어지려면 선입관을 없애야 한다. 말하는 사람의 입장에서의 선입관, 즉 생략 현상이 일어나지 않도록 해야 한다, 듣는 사람의 입장에서의 선입관, 즉 왜곡 현상이 일어나지 않도록 해야 한다.

"이거 이번 주 중으로 끝내줘."(언제까지 하라는 거야? 금요일? 토요일?)

"알아서 시켜줘."(뭘 마시겠다는 거야? 커피? 음료?)

"알잖아, 내가 뭘 좋아하는지?"(그걸 내가 어떻게 알아? 말해줘야 알지.)

"부장님 스타일 알지? 적당히 맞춰줘."(적당히? 어디까지가 '적당히'인데?)

"아니? 이게 뭐야? 내가 얘기한 것을 어떻게 들은 거야?"(어떻게 들기는? 당신이 말한 대로 했잖아.)

"개떡같이 말하면 찰떡같이 알아들어야지."(어떻게 개떡이 찰떡이 되냐? 알아들을 수 있게 말해줘야지.)

커뮤니케이션 오류는

말하는 사람의 '생략' 때문에

듣는 사람의 '왜곡' 때문에 일어난다.

'내 마음 같은 사람 없다'라고 한다. 내 마음을 다 알아서 내가 흡족할 만큼 행동해 주는 사람 없다는 것이다. 말해주어야 안다. 내 마음에 있는 것을 제대로 설명해주어야 내 마음을 알게 된다. 제대로 말하지 않으면 커뮤니케이션 오류가 일어난다. 내가 생략해서 말하면 상대방 쪽에서는 왜곡해서 이해한다는 사실을 잊지 말라.

경상도 사람들은 생략의 달인인 것 같다. 나는 경상도 사람들이 경상도 방언으로 말하면 종종 알아듣지 못할 때가 있다.

"할매요. 비키소. 고마."

"할매. 좀!"

"쫌!"

'쫌'이라는 한마디로 함축해서 말했다. 무엇을 말하는지 알겠는가? 경상도 사람들은 다 안다고 한다. 그런데 나는 모르겠다.

"할머니, TV가 안 보여요. 좀 비켜주세요."

나는 이렇게 말해줘야 알아듣는다.

선입관을 없애야 하는 이유

말하는 사람	← 소통의 오류 →	듣는 사람
생략		왜곡

1 말하는 사람

'생략'에서 소통의 오류가 생긴다.

말하지 않아도 알 것이라고 생각하기 때문이다.

초등학교 1학년 학생에게 설명하듯 구체적으로 설명해야 한다.

2 듣는 사람

'왜곡'에서 소통의 오류가 생긴다.

자기가 알고 있는 정보 내에서 듣기 때문이다.

경청하면서 구체적인 내용에 대해 질문하면서 들어야 한다.

공감 소통에 도움이 되는 것 3가지

첫째. 공감 능력

어떻게 반응해야 할까?

직장에서 한 여직원이 팀장에게 상담을 요청했다.

"전 정말 억울해요, 팀장님."

상담이 시작되자 여직원이 감정에 복받쳤는지 울먹이며 자기의 사정을 말하기 시작했다. 선배 남자 직원에게 심한 폭언과 모욕감을 당하고 있다는 것이었다.

"넌 도대체 머리는 왜 가지고 다니는 거야. 머리를 써라, 써. 머리는 모자 쓸 때나 사용하라고 있는 게 아냐."

"이 정도는 초딩도 한다. 아이구~"

"이렇게 할 거면 집에나 있지, 왜 나와?"

이런 심한 폭언과 함께 성적 수치심을 느끼는 말도 거칠게 던지고 있다고 했다.

"회사 나오는 게 겁납니다. 퇴사까지도 고민할 정도입니다."

그러자 팀장이 한마디 했다.

"알겠습니다. 하지만 한쪽 말만 듣고는 판단할 수 없어요. 그쪽 이야기도 들어보고 판단하겠습니다."

그는 공감 능력이 떨어지는 사람이다. 공감 소통을 모르는 사람이다. 공감 능력이 있는 사람이라면 그런 식으로 말하지 않았을 것이기 때문이다.

"맘고생이 많으셨네요. 힘든 상황에서도 이렇게 용기를 내서 저에게 말씀해 주셔서 감사합니다."

이렇게 말했을 것이다. 입에서 나오는 말에는 사람을 살리는 말이 있고, 사람을 죽이는 말이 있다. 사람을 살리는 말이 공감의 말이다. 사람을 살리는 말로 하는 것이 공감 소통이다.

마음을 읽는 능력이다

소통이란 말을 이용해서 생각과 느낌 등을 공유하는 것이다. 공감이란 말을 이용해서 마음이 오가는 것을 말한다. 기쁠 때 함께 웃어주고, 슬플 때 함께 울어주는 것이 공감이다.

상대방의 작은 신음 소리에도 반응해주는 것이 공감이다. 작은 변화에도 먼저 알아봐 주고 반응해주는 사람이 공감 능력이 높은 사람이다. 기쁨과 슬픔에 반응해주는 것만이 아니라 상대방의 어떤 움직임이나 변화에도 반응해주는 것이 공감 능력이 높은 사람이다.

공감이란

다른 사람의 내적 삶에 대해 생각하고 느낄 수 있는 능력이다.

- 하인츠 코후트

인터넷에 떠돌고 있는 동영상이 하나 있다. 공감 능력이란 어떤 것인가를 잘 설명해주는 동영상이다. 아직 말하지 못하는 3세 아기가 우유병을 들고 아빠에게로 왔다. 아빠는 우유가 아직 남아 있는 것을 보고 아기에게 말했다.

"우유 다 먹고 오세요."

아이는 우유병을 들고 엄마에게로 갔다.

"우유병 바꿔 달라고? 이것 깨끗하니까 그냥 먹어요."

아기는 5세 오빠에게로 가서 우유병을 내밀었다. 이때 오빠는 자신이 마시고 있던 음료수 컵을 갖다 대며 외쳤다.

"건배!"

그러자 3세 아이가 활짝 웃었다. 3세 아기가 원하는 것은 '건배'였던 것이다. 3세 아이가 원하는 것을 제대로 읽은 사람은 아빠도 엄마도 아니고 5세짜리 오빠였다.

공감 능력은 말하지 않은 것까지 읽는 능력이다. 상대방이 어떤 생각, 어떤 느낌, 어떤 감정을 가지고 있는가를 말하지 않아도 읽어내는 것이 공감 능력이다.

신음 소리까지 읽는 능력이다

한 강의장에서 공감 소통 사례 발표할 때 나왔던 이야기다. 제약회사 영업사원으로 활동하고 있는 김 대리는 하루 활동을 마치고 사무실로 돌아왔다. 오늘 거래처를 여러 군데 돌아다녀야 했고, 고객과의 클레임 처리로 스트레스를 많이 받은 날이었다.

사무실에 돌아와 의자에 앉자마자 혼잣말로 '아~ 힘들다'라는 소리가 저절로 나왔다. 이때 지나가던 부장이 이 소리를 들었다. 잠시후 부장이 양손에 커피잔을 들고 김 대리에게 다가왔다.

"김 대리, 오늘 표정이 왜 그래? 아주 피곤해 보이네."

"네, 부장님, 엄청 힘든 하루였어요."

"그래? 그래서 내가 커피 한 잔 뽑아왔지. 이런 날은 단 것이 당기거든."

"감사합니다, 부장님. 역시 제 마음을 아시는 분은 부장님밖에 없으십니다."

커피를 같이 하면서 둘은 오늘 있었던 일들을 도란도란 나누며 서로의 마음을 공유할 수 있었다. 공감 능력이 높은 부장의 행동이다.

상대방의 작은 신음에도 반응하고 그 마음 깊은 곳에 있는 스트레스까지 풀어주는 공감 능력이 탁월한 사람이 아닐 수 없다.

똑같은 상황을 공감 능력이 떨어진 부장이라면 어떻게 대응했을까?

"힘들긴 뭐가 힘들어. 젊은 사람이 그까짓 것 가지고 힘들다고 하면 어떡해. 내가 영업 활동할 때는 그건 힘든 것도 아니었어."

그러면서 일장 훈시를 늘어놓았을 것이다. 김 대리에게는 듣기 싫은 잔소리였을 것이다. '나 때는 말이야'라는 '라떼 언어'는 공감 능력이 떨어지는 사람들이 자주 사용하는 말이다. 상대방을 이해하거나 배려하는 마음은 조금도 없다. 자신의 입장에서만 생각하고 접근하는 것이다. 그러니 상대방 마음을 읽을 수가 없다. 공감 능력이 떨어지는 사람은 소통이 안 된다.

공감 능력을 키우는 방법 3가지

1 관점

상대방 시각으로 본다.

상대방 시각으로 보고 상대방 입장에서 듣는다.

2 언어

상대방 언어를 사용한다.

내가 하고자 하는 말이 아니라 상대방이 듣고자 하는 말을 한다.

3 표현

부드럽고 따뜻하게 표현한다.

상대방의 마음을 포근하게 안아주는 표현을 한다.

둘째. 배려

배려에는 울림이 있다

TV를 보고 있는데 내 눈과 귀를 사로잡는 뉴스 하나가 있었다. 갓 난아기를 키우고 있는 엄마가 겪은 코끝이 찡해지는 뉴스였다. 태어난 지 한 달도 안 된 아기가 늦은 밤마다 울었다. 오래된 아파트라 방음이 잘되지 않아서 평소에도 옆집 소리가 고스란히 들릴 정도였다.

이웃들이 곤히 잠들어 있는 시간대였기에 아기 엄마는 날마다 걱정이었다. 이웃에게 피해를 주는 것 같아 가시방석에 앉아 있는 것 같았다. 고민 끝에 아기 엄마는 손 편지와 함께 작은 선물을 위층, 아래층 이웃집 문 앞에 놔뒀다.

안녕하세요?
신생아가 밤낮이 바뀌어서 밤마다 울어요.
밤마다 시끄럽게 해드려서 죄송합니다.
조금만 참아주시면 금방 키울게요.

이렇게 손 편지를 써놓은 지 하루가 지났을 때 생각지도 못한 기적이 일어났다. 성경에 나오는 홍해가 갈라지는 기적이 일어난 것이다. 윗집에 사는 이웃은 "반갑습니다. 지금 아기 울음소리는 반가운 소리입니다. 저는 괜찮습니다"라는 답장의 메모를 문에 붙여두고 갔다.

또 다른 이웃은 "얘기해줘서 고마워요. 건강하게 잘 키우세요"라는 편지를 보내오기도 했다. 직접 찾아와 아기 내복을 선물해 주면서 축하 인사를 해주는 이웃도 있었다.

배려에는 울림이 있다. 마음과 마음으로 통하는 온기가 있기 때문이다. 배려의 마음을 보여줬을 때 상대방의 반응이 달라지는 것은 따뜻한 온기가 상대방 마음을 녹여주기 때문이다. 공감 소통은 배려의 마음을 보여주는 것이다. 따뜻한 마음을 서로 주거니 받거니 하면서 소통하는 방법이 공감 소통이다.

그저 약간의 온기만 있으면 된다.
그것으로 충분하다.
살아있음을 느끼게 하는
온기면 충분하다.

배려란 '짝 배(配), 생각할 려(慮)'가 결합된 단어이다. 짝의 마음으로 다른 사람을 생각하는 것이 배려라는 것이다. 가장 가까운 사람이 단짝이다. 단짝은 자기를 생각하기보다는 상대방을 먼저 생각한다. 그래서 가까운 사이가 된 것이다. 어떤 경우든 배려가 사람의 마음을 움직인다.

상대방을 먼저 생각한다

서운하게 느끼거나 감정이 격하게 되었을 때를 생각해보라. 누구 입장일 때 그런 감정을 가지게 되었던가? 내 입장에서 바라볼 때 그런 현상들이 일어났었다. 상대방의 입장이 아니라 내 입장으로 접근했기 때문에 조그마한 일로 마음에 상처받았었다.

대화할 때도 마찬가지다. 아무것도 아닌 말 한마디에 상대방을 삐치게 하거나 격한 감정을 가지게 한다. 누구 중심으로 말할 때? 내 중심으로 말할 때 이런 현상들이 일어난다. 내가 하는 말 속에 배려가 없을 때가 그렇다.

30대 여성들이 점심 식사 후 삼삼오오 모여 커피 수다를 떨고 있었다. 한 사람이 생애 처음으로 아파트를 샀다고 자랑했다.

그러자 다른 사람들이 "축하해요", "좋겠다. 부럽네요", "언제 집들이할 거야?"하면서 축하의 말들을 했다.

그때 한 여성이 이렇게 질문했다.

"그런데 그 아파트, 브랜드 아파트예요?"

갑자기 분위기가 싸~해졌다. 서로들 얼굴만 쳐다보고 있었다. 이런 질문을 무례한 질문이라 한다. 상대방을 생각하지 않고 하는 말이기 때문이다. 말 속에 배려가 없다. 배려는 남을 먼저 생각하는 마음이다. 내 입장이 아니라 상대방의 입장에서 생각하고 말하는 것이 배려이다.

한 아파트 지하 주차장에서 발견한 문구다.

"내일 아침 9시에 출차합니다."

이 아파트는 주차장 문제로 골머리를 앓고 있었다. 출차해야 하는데 앞에 이중 주차한 차량으로 인해, 나가지도 못하고 '차 빨리 빼달라, 왜 늦게 나오느냐?' 등의 문제로 아파트 주민들끼리 서로 실랑이가 벌어지기도 했다. 그런데 한 사람이 저녁에 주차하면서 차량 앞 유리에 이런 문구를 내 걸었다. 내일 아침 9시에 나가니까 자신의 차량 앞에는 마음 놓고 이중 주차하라는 의미이다. 배려의 마음이 듬뿍 담긴 글이다.

배려는 따뜻한 마음이다

'배려'하면 에밀리 디킨슨의 〈애타는 가슴 하나 달랠 수 있다면〉이라는 시가 생각난다.[1]

애타는 가슴 하나 달랠 수 있다면
내 삶은 결코 헛되지 않으리

---

1) 에밀리 디킨슨, 《에밀리 디킨슨 시 선집》, 을유문화사, 2023

한 생명의 아픔을 덜어줄 수 있거나

괴로움 하나 달래줄 수 있다면

헐떡이는 작은 새 한 마리를 도와

둥지에 다시 넣어줄 수 있다면

내 삶은 결코 헛되지 않으리

배려의 마음이 듬뿍 담겨있는 시다. 나보다 남을 먼저 생각하는 마음이 시구 하나하나에 담겨있다. 그래서 이 시가 좋다. 공감 소통을 위해서는 말 속에 배려의 마음을 담는 것이 좋다.

내 입장에서 언어를 선택하고 내 입장을 내세우는 말이 아니라, 상대방 중심에서 언어를 선택하고 상대방의 입장에서 말하는 것이 배려의 말이다. 말 속에 배려의 마음을 담으면 울림이 커진다. 배려가 상대방의 마음에 강하게 헤집고 들어가 상대방이 따뜻하게 변하게 만들기 때문이다.

배려 쇼(Show)

1 말로 하는 쇼

말로 배려의 마음을 보여준다.

"진짜 진짜 축하해요."

2 글로 하는 쇼

메시지, SNS 등으로 배려의 마음을 보여준다.

"내일 아침 9시에 출차합니다."

3 행동으로 하는 쇼

행동으로 배려의 마음을 보여준다.

'박수치며 두 손 들어 파이팅!'

셋째. 경청

40대 중반의 남성 두 명이 커피를 손에 들고 담소를 나누고 있었다. 두 사람의 대화 주제는 '커피'였다.

남자 1 : 내가 커피를 잘 모르잖아.

남자 2 : 그래, 그건 내가 알지.

남자 1 : 내가 고객 접대하러 커피 전문점에 갔다가 실수했던 것 말했었나?

그러면서 커피 전문점에서 커피 메뉴를 잘못 주문한 이야기가 시작되었다. 그는 커피 전문점에서 커피를 주문할 때 언제나 '아메리카노'만 시킨다. 커피 메뉴 중에서 아는 것이 그것밖에 없다. 하루는 고객과 함께 커피 전문점에 갔는데 그날 따라 다른 메뉴를 주문하고 싶었다.

그래서 평상시 주문하던 '아메리카노'를 시키지 않고 '에스프레소'를 주문했다. 그런데 웬걸, '에스프레소'가 나온 걸 보고 깜짝 놀랐다. '아차, 잘못 주문했구나' 하는 마음이 들더란다.

남자 1 : 에스프레소가 조그마한 잔에 나온 거야. 난 그런 잔에 나오는 것인지 몰랐지.

남자 2 : 그래? 고객 앞이라 많이 당황했겠네.

남자 1 : 그렇지. 아메리카노는 큰 잔에 나오잖아.

남자 2 : 그래서 어떻게 했어?

남자 1 : 어떻게 하긴. 그냥 한입에 홀짝 마셔버렸지. 하하하.

두 사람의 대화를 보라. 두 사람의 대화가 막힘이 없이 잘 통하는 것은 경청이 있었기 때문이다.

이처럼 경청은 단순히 귀로 말을 듣는 것에서 그치는 것이 아니다. 상대방이 하는 말 속에서 상대방의 감정까지 모두 읽고 그 감정을 공유하는 것이다.

왜 '경청'이라는 용어를 쓰는가? '듣기'라는 용어가 있다. '듣기'나 '경청'이나 둘 다 '듣는다'는 의미를 담고 있는 용어다. 그런데 왜 '듣기'라는 용어와 '경청'이라는 용어를 구별해서 쓰는가? 듣기는 내 입장에서 상대방의 말을 듣는 것, 경청은 상대방 입장에서 상대방의 감정까지 듣는 것이다.

'듣기'는 다른 사람이 하는 말을 내 입장에서 듣고 내 정보의 틀 속에서 해석한다. 그러다 보니 가끔씩 상대방이 말하는 의도와는 다르게 왜곡된 해석이 일어나곤 한다.

내게 성공의 비결이 있다면

그것은 다른 사람의 입장을 이해하고 사물을 다른 시각으로 바라보는 것이다.

– 헨리 포드

'자동차의 왕'으로 불리는 헨리 포드는 그의 성공 비결이 '경청'에 있다고 했다. 경청은 내 입장에서가 아니라 상대방의 입장에서 듣고, 상대방이 하는 말 속에 상대방 감정, 느낌 등을 이해하는 것이다. 상대방이 말하는 의도와 감정을 충실히 이해하고 그 감정을 공유하는 것이 경청이다. 듣기와 경청은 같은 말을 들어도 접근 방법, 보는 시각, 듣기의 깊이가 다르다. 한마디로 품질 자체가 다르다 할 것이다.

경청은 '리스닝이다'

경청을 한마디로 표현하면 뭐라고 할 수 있을까?

"경청은 리스닝(listening)이다."

듣기에는 두 가지 방법이 있다. 하나는 소리 나는 말 자체를 들리는 대로 귀로 듣는 것, 다른 하나는 말 속에 숨어 있는 감정까지 듣는 것이다. 그냥 귀에 들리는 대로 듣는 것을 히어링(hearing)이라고 한다. 신체적으로 귀에 소리가 들리니까 듣는 것이다. 악수할 때 노룩(No Look) 악수와 같다. 얼굴을 쳐다보지 않고 악수하는 것이 노룩 악수다. 노룩 악수를 영혼 없는 악수라고 한다. 신체적으로 듣는 히어링은 영혼 없는 듣기다.

말 속에 들어 있는 감정을 이해하기 위해 주의 깊게 듣는 것을 리스닝(listening)이라 한다. 리스닝은 구체적인 내용이 무엇인가를 온몸으로 듣는 방법이다. 영혼을 담아서 듣는 방법이다.

경청은 히어링이 아니라 리스닝이다. 그냥 귀에 들리는 소리를 듣는 것이 아니라 온몸으로 상대방의 마음속에 깊이 숨어 있는 감정까지 듣는 것이다.

경청에는 카타르시스가 있다

아내와 대화하려면 인내심이 필요하다. '참을 인(忍)' 자를 세 개 이상 준비하고 대화에 임해야 한다. 아내가 대화를 시작한 지 10분이 넘었다. 도대체 무엇을 이야기하려고 하는지 종잡을 수가 없다. 그래도 맞춰주느라고 중간에 '응, 그래서? 왜 그랬대?'라는 맞장구를 쳐주며 듣고 있는데 도대체 무엇을 말하고 있는지, 말하고자 하는 핵심적인 것이 무엇인지 모르겠다. 참다못해 아내의 말을 끊었다.

"잠깐만. 도대체 결론이 뭐야?"

그랬더니 아내가 하는 말,

"지금 결론이 중요한 게 아냐. 내가 얼마나 속상했는가를 말하려고 하는 거야."

그러고 나서 아내는 30분 넘게 혼자서 떠들어 댄다. 경청은 인내심을 가지고 끝까지 들어주는 것이다. 상대방의 마음속에 답답한 것을 다 풀어질 때까지 들어주는 것이 경청이다.

경청은 감정을 정화한다.
경청은 상대가 자신의 감정을 노출하도록 돕는다.
사람은 자신의 감정을 토해내면 마술처럼 그 감정 속의 노폐물이 사라져 버린다.
- 토머스 고든[2]

주부 세 명이 커피 전문점에서 수다를 떨고 있다. 남편을 회사에 출근시키고, 자녀를 학교에 보내고 나서 주부들끼리 모여 2시간이 넘게 수다를 떨고 있다. 그런데 참 재미있다. 그들이 서로 나누고 있는 대화의 주제가 다르다. 그런데도 2시간이 넘게 대화가 끊이지 않는다.

한 여성은 시어머니에 대한 불만을 토로한다. 그러자 다른 두 여성도 '그래, 그래' 하면서 시댁 이야기, 시어머니 이야기 등으로 한동안 시끌벅적하다. 그러다가 다른 한 여성이 남편 자랑을 한다. 그러자 다른 여성들이 같이 맞장구를 쳐준다. 또 옆의 여성은 해외여행에 대해 자랑한다. 그렇게 2시간이 넘게 수다를 떨더니 헤어지면서 "오늘 못한 이야기는 카톡(카카오톡 메신저)으로 하자"라고 하는 것이었다.

---

2) 토머스 고든, 《토머스 고든의 리더의 역할 훈련》, 양철북, 2003

2시간이 넘게 이들의 대화가 지속될 수 있게 한 것은 무엇일까? 서로 다른 주제를 이야기하지만, 이들의 대화가 끊이지 않고 매끄럽게 이어질 수 있었던 것은 무엇 때문이었을까? 거기에는 공감과 경청이 있었다. 상대방이 하는 이야기에 같이 공감해주고 상대방의 감정을 공유하는 경청이 있었기 때문이다.

공감과 경청이 있는 대화를 통해서 서로가 카타르시스를 느꼈다. 서로 떠들고 들어주는 과정에서 카타르시스가 일어난 것이다. 자기 마음속에 있는 것을 다 털어놓으면 속이 후련해지지 않는가.

공감 소통이란 이런 것이다. 말이라는 도구를 이용해서 서로 주거니 받거니 하면서 마음속에 카타르시스가 일어나게 하는 것이 공감 소통이다.

경청의 도구 4가지

1 귀

신체적인 귀로 듣는다.

귀로 듣고 마음으로 읽는다.

2 눈

상대방의 눈을 마주치면서 듣는다.

눈을 보면서 마음의 주파수를 맞춘다.

3 마음

상대방의 마음속에 있는 감정을 듣는다.

마음 깊은 곳에 숨겨진 의미를 파악한다.

4 입

상대방이 한 말을 내 입으로 재구성한다.

내용, 감정, 느낌 등을 제대로 이해했는지 입으로 질문한다.

공감 소통을 방해하는 것 3가지

첫째. 수직적인 언어

수직적 언어가 문제다

"그렇게 하지 말랬지? 엄마가 하지 말라고 하면 하지 말아야지?"

초등학교 자녀에게 한 엄마가 야단을 치고 있었다. 엄마가 시키는 대로 하지 않아서 화가 난 모양이었다. 자녀를 엄마의 눈높이로 보고 있다. 수직적인 관계에서 보는 것이다. 그러니 자녀는 엄마가 지시하고 명령하고 통제하는 대로 따라와야 하는 기계적인 존재에 불과하다.

하수 엄마의 특징이다. 수직적인 언어로 자녀에게 접근하는 사람은 하수 엄마다. 그런다고 아이의 행동이 변할까? 직장에서도 마찬가지다. 퇴근 시간이 다 되었을 때다.

"김 대리, 이거 내일 회의에서 보고해야 하는 거니까 보고서 만들어 놓으세요. 다른 것 다 제쳐놓고 이것부터 하세요. 내일 아침에 보고할 수 있어야 합니다."

이게 무슨 대화인가? 일방적인 지시다. 수직적인 언어이다. 윗사람은 지시하고 아랫사람은 복종해야 하는 수직적인 언어이다. 거기에 어디 자발적인 행동이 있고, 창의적인 아이디어가 나올 수 있겠는가?

공감 소통을 방해하는 것 중의 하나가 수직적인 언어다. 수직적인 언어에는 대화는 있을지 몰라도 소통은 없다. 소통은 있을지라도 공감은 없다. 공감이 없으니까 진정한 소통도 없다.

수직적 언어 : 지시, 명령, 감시, 추궁, 질책, 압박, 감독, 통제

- 명령하는 말

"지금 당장 하라고. 이따가 이따가 하다가 언제 할래."

- 추궁하는 말

"누구를 속이려고 해. 내가 바보인 줄 알아."

- 야단치는 말

"똑바로 걸으라고 했지? 넘어진다고 했잖아."

자기 생각을 일방적으로 강요하거나 밀어붙이거나 비판적인 말을 하면 경계심이 높아지고 거부반응이 일어난다. 그래서 갈등이 일어나는 것이다. 자식이 부모에게 반항하는 것을 보라. 대부분 수직적인 언어를 사용하는 경우에 일어난다. 직장에서의 갈등을 보라. 수직적인 언어를 사용해서 그렇다. 수직적인 언어는 소통을 방해한다. 오로지 갈등만을 만들어 낼 뿐이다.

수평적 언어가 좋다

"우와, 잘했네! 어떻게 이런 걸 생각했어. 엄마도 생각하지 못했던 방법이네."

한 엄마가 자녀의 조그만 행동에도 반색하며 칭찬해 준다. 엄마의 눈높이가 아니라 아이의 눈높이로 자녀를 바라보고 있다. 자녀의 생각과 행동을 공감해주고 격려해주고 응원해 주는 것이다. 자녀는 자신감을 얻게 되고 더 좋은 것을 위해서 계속 도전하게 된다. 고수 엄마의 특징이다. 수평적인 언어로 자녀에게 접근하는 사람은 고수 엄마다.

수평적인 언어는 사람의 마음을 안정시켜주고 기분 좋게 만들어 주는 따뜻한 말이다. 수평적인 언어는 상대방의 자존감을 높여주고 신뢰를 형성해 주는 좋은 언어이다. 공감 소통은 수평적인 언어로 말해야 한다.

수평적 언어 : 공감, 인정, 배려, 수용, 응원, 칭찬, 격려, 협조, 부탁

• 부드러운 말

"나는 따뜻하게 말하는 네가 참 좋아."

• 격려의 말

"잘했어. 난 네가 그렇게 할 줄 알았어."

• 위로의 말

"괜찮아. 넘어졌다고 다 실패한 것은 아니잖아?"

• 인정해주는 말

"그렇지. 그렇게 하는 거야."

• 걱정해 주는 말

"아이쿠~ 많이 아팠겠다. 지금은 괜찮아?"

수평적 언어로 바꿔 말한다

횡단보도 앞에서 파란색 신호를 기다리고 있었다. 아홉, 여덟, 일곱……. 신호등에서 바뀌는 숫자를 세고 있었다. 빨리 파란색으로

바뀌려고 하면서……. 그때 내 귀에 이런 소리가 들렸다.

"지윤아, 앞에 잘 보고 가자."

수평적인 언어다. 멋있는 말이다. 나도 모르게 고개가 돌아갔다. 이런 멋진 수평적인 언어를 쓰고 있는 사람이 누구인가 궁금해서다. 할머니가 어린 손자를 데리고 가면서 앞서가고 있는 손자에게 한 말이다. 할머니의 얼굴에는 온화한 미소가 피어 있었다. 만약 이 할머니가 수직적인 언어를 쓰는 사람이라고 한다면 어떻게 말했을까?

"지윤아, 앞에 똑바로 보고 가."

그리고 한마디를 더 했을 것이다.

"그러다가 넘어지면 어떻게 해."

목소리 톤이 한 옥타브 올라간 거친 목소리, 명령하고 야단치는 목소리로 말했을 것이다.

수직적 언어를 수평적 언어로 바꾸는 방법은 간단하다. 명령형 언어를 의뢰형 언어로 바꾸면 된다. 지시형 언어를 권유형 언어로 바꾸면 된다.

"조금만 기다려 주세요."(X)

형식은 존칭어이지만 지시하는 느낌이 든다. 강하게 발음하면 명령조로 오해받을 수도 있다.

"조금만 기다려 주시겠습니까?"(O)

부드러운 언어다. 수평적 언어다. 수평적으로 말하면 사람 마음이 편해지고 관계가 달라진다.

수평적인 언어로 말하는 습관

1 지시하지 않는다.

"이것 해."(명령) → "이것 해 줄래?"(요청)

2 비난하지 않는다.

"도대체 몇 번을 말해줘야 하는 거야?"(비난) → "깜박한 모양이네. 다시 말해줄게."(이해)

3 강요하지 않는다.

"지금 당장 하란 말이야."(강요) → "지금 해주면 고맙지."(부탁)

4 질책하지 않는다.

"왜 안 했어?"(질책) → "이것을 못한 어떤 이유가 있었어?"(수용)

5 윽박지르지 않는다.

"빨리빨리 못해?"(재촉) → "괜찮아. 천천히 해."(응원)

둘째. 시시비비 습관

아침에 화장실을 다녀온 아내가 내게 잔소리했다.

아내 : 당신은 왜 치약을 그렇게 짜?

필자 : 왜?

아내 : 아니, 치약을 짜려면 밑에서부터 가지런히 짜야지, 자기는 항상 아무렇게나 잡히는 대로 '풍'하고 짜더라.

필자 : 왜? 그게 잘못된 거야?

양치질할 때 어떤 사람은 치약을 밑에서부터 가지런히 짜는 사람이 있고, 어떤 사람은 잡히는 대로 중간 부분에서 '풍'하고 짜는 사람이 있다. 그렇다고 치약에 큰 문제가 있는 것이 아니다. 치약을 밑에서부터 가지런히 짜든지 아니면 중간 부분에서 짜든지 큰 문제가 생기는 것은 아니다.

사람의 성격에 따라 밑에서부터 짜는 사람이 있고, 잡히는 대로 짜는 사람이 있는 것이다. 그런데 나는 밑에서부터 가지런히 치약을 짠다고 해서 왜 상대방에게 그대로 행동해 주기를 강요하는가?

틀린 게 아니라 다를 뿐이다

소통에서는 '다르다(different)'와 '틀리다(wrong)'를 구별할 줄 알아야 한다. '다르다'는 '서로 같지 않다'는 뜻이고 '틀리다'는 '그릇되거나 어긋나다'라는 뜻이다. 다시 말하면 '다르다'는 생각이나 행동이 나와 일치하지 않을 뿐이지 잘못되었다는 것은 아니다. 반면에, '틀리다'는 상대방의 생각이나 행동이 이치에 맞지 않는다, 그렇게 하면 안 된다는 뜻이다.

치약을 밑에서부터 가지런히 짜든 아니면 아무렇게나 잡히는 대로 짜든 뭐가 문제인가? 치약을 짜는 방식이 나와 다를 뿐이다. 그런데 사람들은 내 생각이나 상식에 맞지 않으면 상대방을 틀렸다고 하면서 교정하려 든다.

시시비비를 따지는 것은 좋지 않다. 공감 소통을 방해하는 요소 중의 하나가 시시비비를 따지는 것이다. 시시비비를 따지는 곳에 공감 소통은 일어나지 않는다. '나는 맞고, 너는 틀렸다'는 시각으로 접근하면 공감 소통은 멀어져 간다.

3척 동자가 있다. '아는 척, 잘난 척, 있는 척'하는 사람을 3척 동자라 한다. '아는 척, 잘난 척'하는 사람이 상대방을 가르치려고 덤비는 사람이다. 시시비비를 따지는 사람이다. '네 생각은 틀렸어. 내 생각이 옳아'라는 자세로 임하는 사람이다. 소통도 못 할 뿐만 아니라 인간관계도 좋지 않은 사람이다.

68

공감 소통은 '사람마다 다르다'는 인식에서 출발한다. 똑같은 사람은 하나도 없다. 태어난 곳이 다르고 자라난 환경이 다르고 머릿속에 있는 생각이 다르고 느끼는 것도 다르다. 또한 삶의 철학과 가치관도 다르다. 그런데 어떻게 천편일률적일 수 있겠는가?

꼰대보다는 거울이 좋다

한 친구가 이렇게 말문을 열었다.

친구 A : 인정하고 싶지는 않지만 나도 이미 꼰대가 된 것 같아.

필자 : 그게 무슨 소리야?

친구 A : 오전 10시가 넘어 승용차를 운전하고 가는데 도로에 가로등이 환하게 켜져 있는 거야. '지금이 몇 시인데 아직도 가로등을 켜놓고 있는 거야. 구청 담당자는 도대체 뭘 하는 거야?'하는 생각이 들었어. 이렇게 혼자 속으로 씩씩대면서 운전하고 가는데 도로 끝부분 모퉁이를 돌다가 '아차'하는 생각이 든 거지. 작업자들이 사다리차를 타고 가로등 점검 작업을 하고 있었어. 글쎄, 나도 벌써 꼰대가 되었나 봐. 상대방 입장이나 생각은 고려하지 않고 내 관점에서 상황을 판단하니까 말이야.

공감 소통은 꼰대의 방법으로 접근하면 곤란하다. 나이가 많아서 꼰대가 아니다. 젊은 사람도 꼰대인 사람이 많다. 시시비비를 따지기 좋아하는 사람이 꼰대다. 자기 생각은 옳고 다른 사람의 생각은 틀렸다고 우기는 사람이 꼰대다. 툭하면 자기 생각, 자기 방식대로 상대방을 고치려고 덤비는 사람이 꼰대다.

"그건 네 생각이고, 현실은 그렇지 않아."

"몇 번을 말해. 그렇게 하면 안 된다니까."

"아 참 나, 답답해 죽겠네."

"뭘 어디서 어떻게 설명해줘야 해?"

"젊은 사람이 고까짓 것 가지고 뭐가 힘들다고 그래."

꼰대들이 즐겨 쓰는 말들이다. 상대방의 자존심을 건드리는 말들이다. 상대방의 감정을 상하게 해서 소통을 막히게 하는 말들이다.

'공감 소통'을 주제로 강의하고 있는데 한 여성이 쉬는 시간에 찾아왔다.

"저희 부부는 대화를 시작하면 5분도 안 되어 싸워요."

이렇게 말하면서 어떻게 해야 할지 모르겠다는 것이었다. 그래서 물었다.

"마음고생이 심하셨겠네요. 5분도 안 되어 싸우는 원인이 무엇이라 생각하세요?"

"제 남편은 제가 한마디를 하면 꼭 말꼬투리를 잡고 지적질을 해요. 그러면 저도 바르르 떨며 화를 내게 되더라고요. 그래서 싸우는 거예요."

원활한 소통을 원한다면 가르치거나 시시비비를 따지는 것을 피하는 것이 좋다. 대신 거울처럼 가만히 상대방을 비춰주기만 하면 된다. 상대방이 기뻐하면 같이 기뻐해주고 상대방이 속상해하면 같이 속상해주는 것이다.

상대방이 인정을 바라면 따뜻한 응원의 눈빛을 보내주고, 들어주기를 바란다면 중간중간 맞장구를 쳐주면서 끝까지 들어주기만 하면 된다.

공감 소통의 고수들은 시시비비를 따지지 않는다. 가르치거나 교정하려고도 하지 않는다. 상대방을 있는 그대로 인정해주고 응원해줄 뿐이다.

시시비비 습관에서 탈출하는 방법

1 재판관이 되지 않는다.

'옳다, 그르다'라는 이분법적 사고로 보지 않는다.

2 고치려고 하지 않는다.

사람은 외부의 힘으로 바뀌지 않는다.

스스로 바뀌게 해야 한다.

3 지적하지 않는다.

지적하면 감정만 상할 뿐이다.

4 다름을 인정한다.

보는 시각, 생각하는 방향이 다름을 인정한다.

상대방 입장에서는 그 말이 맞을 수 있다.

5 인정해주고 수용해준다.

상대방 입장에서 보고, 생각하고 수용해준다.

셋째. 부정적인 말

부정이 부정을 낳는다

중학교 영어 수업 시간이었다. 한참 수업이 진행 중일 때, 한 학생이 손을 들더니 선생님에게 질문을 했다.

"선생님, 화장실 좀 갔다 오면 안 돼요?"

"안 돼."

선생님이 단호하게 안 된다고 했다. 선생님이 잠시 뜸을 들이더니 학생에게 말했다.

"다시 질문해봐?"

"화장실 좀 갔다 오면 안 돼요?"

"안 된다니까……. 다시 질문해봐?"

그제야 학생이 '아하'하는 생각에 이렇게 바꿔 말했다.

"선생님, 화장실 좀 갔다 와도 돼요?"

"그래, 빨리 갔다 와라."

'프레임 효과(frame effect)'라는 것이 있다. 틀을 어떻게 만들어 놓느냐에 따라 결과도 틀의 모양대로 나온다는 것이다. 생각을 부정적으로 하면 결과도 부정적으로 나오고, 행동을 부정적으로 하면 결과도 부정적으로 나온다. 말을 부정적으로 하면 소통도 부정적으로 된다는 것이다.

'안 돼요?'는 습관적으로 사용하는 부정어이다. 평상시 부정적으로 사용하던 말의 틀이 '화장실 갔다 오면 안 돼요?'와 같은 표현으로 무의식적으로 나온 것이다. '안 돼요?'라는 부정어에는 '안 돼'라는 부정적인 대답이 따라왔다. 언어의 부정적인 틀이 결과를 그렇게 만든 것이다. '돼요?'라는 긍정어에는 '갔다 와'라는 긍정적인 대답이 따라왔다.

부정어가 소통을 막는다

아내의 생일에 화장품을 선물해 줬다. 내 딴에는 큰맘 먹고 있는 돈 없는 돈 다 털어서 유명 브랜드의 비싼 화장품을 선물했다. 화장품을 받더니 아내가 활짝 웃으며 말했다.

"고마워. 내 생일에 이렇게 좋은 선물을 줘서. 그런데……."

'그런데'라는 말에 갑자기 불길함이 엄습해왔다. 무언가 불안한 기운을 느낄 수 있었다. '그런데'라는 말 다음에 무슨 말이 나올지 겁이 났다.

"그런데 왜 꽃다발은 없어?"

"헉!"

그날 이후로 나는 '그런데'라는 말에 트라우마가 생겼다. '그런데'

라는 말을 들으면 가슴이 철렁하고 내려앉는다. '그런데'라는 말 다음에는 "그런데 너 그거 왜 안 했어?"와 같이 항상 따지는 말이 따라오기 때문이다.

내 사전에 '그런데'라는 용어를 지워버렸다. 대신 '그런데' 자리에 '그리고'라는 말로 바꿔 놓았다. 되도록 '그런데' 대신 '그리고'라는 말로 바꿔서 말하는 습관을 들이고 있다. '그리고'는 긍정적인 언어다. 상대방의 의욕을 북돋아 주는 플러스 언어다. '그리고' 다음에는 항상 긍정적인 말이 따라온다.

"이렇게 좋은 선물을 해줘서 고마워. 그리고 오늘 일찍 와줘서 최고야."

같은 말이라도 기운을 빼앗아 가는 마이너스 언어 '그런데'보다는 기운을 북돋아 주는 플러스 언어 '그리고'라는 표현이 더 좋다.

공감 소통에서는 무의식적으로 또는 습관적으로 사용하는 부정어를 없애고 긍정어를 사용하는 것이 좋다. 평상시 나도 모르게 습관적으로 사용하는 부정어들은 어떤 것들이 있을까?

싫어,

안 해,

하지 마,

힘들다,

왕짜증,

못 해 먹겠다,

에이~ 빌어먹을.

긍정어로 바꿔 사용한다

말에는 에너지가 있다. 어떤 말은 기운을 북돋아 주는 플러스(+) 말이고, 어떤 말은 기운을 빼앗아 가는 마이너스(−) 말이다. 부정적인 말은 기운을 빼앗아 가는 마이너스 말이다. 상대방을 기분 나쁘게 만들고 그 결과 공감 소통이 방해를 받게 된다. 부정적인 말 한마디가 상대방의 기운을 빼앗고 힘이 빠지게 하기 때문이다.

우리가 많이 쓰는 말 중에 '때문에'라는 말이 있다. 상대방의 의욕을 빼앗아 가는 대표적인 마이너스 언어다. 상대방을 추궁하거나 원인을 따질 때 사용하는 내 중심의 언어다.

"너 때문에 일을 망쳤어."

"그렇게 생각했기 때문이야."

'너 때문에'라는 말을 들었을 때를 생각해보라. 기분이 어땠는가? 의욕이 꺾이고 짜증까지 났었다.

'때문에'라는 부정적인 말을 '덕분에'라는 긍정적인 말로 바꿔 사용하면 어떨까?

"네 덕분에 해낼 수 있었어."

"모든 게 다 네 덕분이야."

76

'덕분에'라는 말에는 결과가 항상 긍정적이다. '덕분에'라는 말은 긍정적인 것을 표현할 때 쓰는 말로 따뜻함이 들어있고 겸손함이 들어있다. 내 중심이 아니라 상대방 중심의 긍정적인 언어이다. 공감소통을 위해서는 의도적으로 부정어를 긍정어로 바꿔 사용하는 훈련이 필요하다.

긍정적인 말의 힘

1 소통이 긍정적이게 된다.

긍정적인 말이 긍정적인 분위기를 만든다.

"그거 안 돼." → "이게 좋겠다."

2 긍정적인 에너지를 준다.

긍정적인 말에는 플러스(+) 에너지가 있다.

"힘들 것 같은데." → "한 번 도전해 볼까?"

3 마음이 따뜻해진다.

긍정적인 말에는 따뜻함이 들어있다.

"들어줄 수가 없어." → "같이 고민해 보자."

4 스트레스가 없어진다.

긍정적인 말이 기분을 업(up)시켜준다.

"그게 뭐가 힘들어?" → "많이 힘들었지?"

5 긍정적인 시각을 만들어준다.

긍정적인 말이 사람을 도전적으로 만든다.

"문제가 생겼다." → "기회가 왔다."

2장

공감 소통
기본기 다지기

운동선수는

기본기부터 익힌다.

공감 소통을 위해서는

기본기가 튼튼해야 한다.

소통은 들어주는 것에서부터 출발한다
– 적극적으로 들어주기

귀를 막으면 소통이 막힌다

공감 소통의 프로세스는 크게 3단계로 나누어진다. 첫 번째 단계는 들어주기, 두 번째 단계는 공감하기, 세 번째 단계는 말하기이다. 공감 소통을 위해서 제일 먼저 해야 하는 것이 들어주기이다. 말하기보다 들어주기가 먼저다. 상대방의 말을 먼저 들어주어야 하고, 그다음에 상대방의 말에 공감해주고, 그런 후에 내 생각과 느낌을 말하는 것이다.

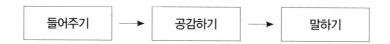

직장을 다니고 있는 30대 후반의 한 남자가 있다. 미래에 대한 고

민을 많이 하게 되는 나이가 30대 후반이다. 회사 분위기가 구조조정으로 어수선하다. 하루는 퇴근 후에 아내에게 이렇게 말을 꺼냈다.

"여보, 이번에 회사에 구조조정이 있는데 고민이 많네."

"왜? 회사 그만두려고? 절대 그만두지 마. 죽어도 회사에 붙어있어야 해."

아내의 단호한 한마디에 남편은 더 이상 말을 할 수 없었다.

한 달이 지난 후, 남편이 다시 아내에게 말을 꺼냈다.

"여보, 내가 친하게 지내고 있는 김 과장 알잖아? 이번에 명예퇴직 신청했어."

이 말이 떨어지자마자 아내가 목소리를 높였다.

"당신은 절대로 그만두지 마. 지난번에 내가 말했잖아. 죽어도 회사에 붙어있어야 한다고."

남편은 입을 닫았다. 그리고 한 달 후 남편은 회사에 사표를 던지고 나왔다.

내가 아는 가장 성공적인 사람은
말하기보다는 듣기를 더 많이 하는 사람이다.
- 버나드 바루크

소통은 들어주기에서부터 출발한다. 들어주는 것과 말하는 것 중에 어느 것이 더 적극적인 방법일까? 대부분 사람들은 말하는 것이라고 답한다. 상대방을 설득해야 한다는 고정관념 때문이다. 그래서 상대방의 말을 들어주기보다는 자기의 생각을 말하는 데 집중한다.

그러나 말하는 것보다 들어주는 것이 더 적극적인 방법이다. 들어주는 것이 힘이 더 강하기 때문이다. 열심히 들어줌으로써 마음속에 있는 것을 다 털어놓게 한 후 상대방을 공감시키면 상대방이 저절로 바뀌기 때문이다.

말의 주도권을 상대방에게 넘겨준다

성공적인 소통을 위해서는 말하는 주도권을 상대방에게 넘겨주는 것이 좋다. 대신 들어주는 주도권은 내가 가지면 된다. 상대방이 열심히 말하게 하고 나는 열심히 들어주면 된다. 들어주기만 잘해도 소통의 50%는 성공이다.

말하는 것보다 들어주는 것을 먼저 하는 데에는 두 가지 목적이 있다. 하나는 상대방이 하는 말의 내용을 파악하기 위함이요, 다른 하나는 질문하기 위함이다.

먼저 상대방이 하는 말의 진짜 의미를 파악하기 위해서 듣는다. 즉, 상대방의 말 속에서 세 가지를 파악하기 위해 듣는다.

상대방이 무엇을 이야기하고 있는가(사실), 말 속에 담긴 상대방의 감정은 무엇인가(감정), 상대방이 궁극적으로 말하고자 하는 핵심 의미(숨은 뜻)는 어떤 것인가를 파악하기 위해서 열심히 듣는 것이다.

말 속에는 감정이 들어있다. 상대방이 하는 말 속에서 상대방은 어떤 느낌과 뉘앙스를 가지고 있는가 하는 감정을 파악해야 한다. 공감 소통은 단순히 말을 공유하는 것이 아니라 말 속에 들어있는 감정까지 공유하는 것이기 때문이다.

다음은 질문하기 위해서 들어준다. 열심히 들어준다는 것은 상대방의 말을 적극적으로 경청하고 있다는 증거이다. 상대방이 하는 말을 경청하기 위해서는 중간중간 질문을 하면서 상대방의 말을 따라가는 것이 좋다.

"지금 하신 말씀은 그때 상대방이 오해했었다는 말씀이지요?"

'행간 뉴스'라는 말이 있다. 뉴스의 행간에 숨겨져 있는 의미를 풀어주는 것을 말한다. 상대방의 말 속에는 밖으로 표현하지 못한 의미나 감정이 들어있다. 질문을 통해서 그 숨어 있는 감정이나 의미를 좀 더 명확하게 이해하는 것이다.

질문을 통해서 말 속에 숨어 있는 감정을 나누다 보면 상대방은 '이 사람이 내 말을 제대로 따라오고 있구나'하는 마음을 갖게 된다. 즉, 소통에 신뢰가 생기는 것이다.

또한 질문은 상대방이 말하기의 주인공으로 만들어주는 도구이기도 하다. 질문을 활용하여 상대방이 주인공으로서 적극적으로 이야기하도록 하는 것이다.

"그 말씀은 이렇다는 뜻이지요?"

"그 다음은 어떻게 되었어요?"

이러한 질문을 통해서 상대방은 자신이 이야기에 몰입하게 되고 나는 적극적으로 소통을 이끌어 갈 수 있게 된다.

여기서 잠깐, 질문할 때 한 가지 팁! 질문을 할 때는 상대방에게 양해를 구하고서 질문하거나 요청하는 것이 좋다.

"잠깐만요. 말을 끊어서 죄송합니다. 죄송하지만 조금 전에 말씀하신 부분은 좀 더 알고 싶은데요, 자세히 설명해주실 수 있나요?"

끼어들지 않는다

기업을 상대로 경영 컨설팅을 하고 있는 친구가 있다. 컨설팅할 때 그는 90%를 들어주기에 집중한다. 말하는 것은 10%에 불과하다고 했다. 그가 컨설팅을 잘하는 핵심 이유는 들어주기에 있다고 한다. 그 친구가 말했다.

친구 : 내 별명이 뭔지 알아?

필자 : 뭔데?

친구 : '참자'야.

필자 : '참자'가 네 별명이라고?

친구 : 응, 중국에 공자, 맹자, 노자가 있다면 대한민국에는 참자가
있지. 그게 바로 나야.

필자 : 오호~

친구 : 나는 끼어들고 싶을 때마다 '낄끼빠빠'를 속으로 외치고 있
지. 대화하는 중에 '잠깐만이요'하고 끼어들고 싶을 때가 있다.
그래도 참아야 한다.

낄 때 끼고 빠질 때 빠질 줄 알아야 한다는 말이다. 말하고 싶을 때
참아야 한다. 그가 컨설팅을 잘하는 이유가 말하기보다는 들어주는
것에 집중하기 때문이라고 했다. 상대방이 하고 싶은 말을 다 하게
한 다음 내가 하고자 하는 말을 해도 늦지 않는다는 것이 그의 주장
이다.

들어주기 3가지 법칙

1 80 : 20 법칙

상대방이 80% 말하게 하고 나는 20% 말한다.

말하기 주도권 : 상대방에게 말하는 주도권을 준다.

2 2 : 1 법칙

사람에게 귀가 두 개이고 입이 하나인 이유

입이 큰 사람이 아니라 귀가 큰 사람이 되라는 의미이다.

듣기 주도권 : 나는 듣기의 주도권을 가지면 된다.

3 1·2·3 법칙

내가 한마디 말하고 상대방이 두 마디 말하게 한다.

그리고 상대방이 두 마디 말할 때 세 번 맞장구쳐 준다.

분위기 주도권 : 내가 적극적으로 긍정적인 분위기를 만든다.

먼저 마음의 문부터 열어야 한다
– 라포 형성

3가지가 통해야 한다

사람을 처음 만날 때, 또는 기존의 알고 지내는 사람을 만나서 대화를 할 때 막힘이 없이 잘 소통하려면 어떻게 해야 하는가? 세 가지가 통해야 한다. 인통(人通), 심통(心通), 소통(疏通)이다. 이 세 가지가 단계별로 제대로 작동되어야 원활한 관계, 행복한 소통이 이루어진다.

1단계 인통(人通)이다. 먼저 인간적으로 통해야 한다. 안심하고 말할 수 있는 인간적인 유대관계가 형성되어야 한다. 그래야 마음의 문을 열고 속에 있는 것들을 꺼내 놓게 된다.

2단계 심통(心通)이다. 마음이 통해야 한다. 말하지 않아도 마음이 통하는 것이 심통이다.

말하지 않아도 알아요,

눈빛만 보아도 알아요.

그냥 바라보면

마음속에 있다는 걸

어느 광고의 노래 가사이다. 그냥 바라보고만 있어도 통하는 것이 심통이다. 먼저 인통(人通)이 이루어져야 그다음 단계인 심통(心通)으로 이어지게 된다.

그리고 마지막 3단계가 소통(疏通)이다. 말이 통해야 한다. 1단계 인통, 2단계 심통이 이루어져야 비로소 말이 통하는 소통의 단계로 넘어오게 된다.

라포를 형성한다

'라포(rapport)'라는 용어가 있다. 심리학에서 많이 사용하는 용어로 두 사람 사이에 믿고 마음이 통하는 신뢰 관계를 형성하는 것을 말한다.

소통이 이루어지려면 친밀감을 형성하는 것에 그치는 것이 아니라 서로 믿을 수 있는 신뢰감이 만들어져야 한다.

"세상에서 가장 어려운 것이 뭔지 아니?"

"으~음, 돈 버는 거?"

"아니, 사람 마음을 얻는 거야."

공감 소통에서 첫 번째 단계가 인통(人通), 즉 인간적으로 통해야 한다. 인간적으로 통하기 위해서는 상대방이 마음을 열게 하고 나를 신뢰할 수 있는 관계를 만드는 것이 필요한데 그런 신뢰 관계를 만드는 과정이 라포를 형성하는 과정이다. 공감 소통에서는 먼저 라포부터 형성해야 한다. 그래야 본격적으로 마음에 있는 이야기를 나눌 수 있는 소통의 단계로 넘어가게 된다.

내가 먼저 망가진다

나에게는 개똥철학이 하나 있다. '내가 먼저 망가져야 내가 산다'라는 것이다. 내 자존심이 망가져야 결국 내 자존감이 살아나게 된다는 의미이다. 내가 매일 삶 속에서 지키려고 노력하는 삶의 철학이다.

사람들을 만나면 인사를 내가 먼저 한다. 상대방에게 내가 먼저 웃으면서 말을 건다. 내가 먼저 망가지는 모습을 보여주는 방법이다. 내가 먼저 마음을 열고 망가지는 모습을 보여주었더니 상대방도 내게 마음을 열게 되는 경험을 나는 매일 삶 속에서 체험하고 있다.

내가 살고 있는 아파트에서는 거짓말 조금 보태서 나를 모르면 간첩이다. 정말 그렇다. 우리 아파트에서 나를 모르는 사람은 며칠 전 이사 온 사람밖에 없다.

당신은 아파트 엘리베이터에서 사람을 만나면 어떻게 하는가? 먼저 인사를 하고 도란도란 이런저런 이야기 하는가? 엘리베이터가 '띵 띵띵'하는 소리를 내며 층수가 변하는 번호판이나 보고 있다든가, 아니면 괜히 핸드폰을 꺼내 카톡이나 보고 있는 것은 아닌가? 어색하기 짝이 없다.

나는 아파트 엘리베이터에서 같은 라인에 살고 있는 사람을 만나면 내가 먼저 인사를 한다. 내가 아파트 사람들과 인사하며 말을 건네면서 친해지는 방법 두 가지를 소개한다.

먼저 나이가 어느 정도 있는 사람들에게 인사의 말을 건네는 방법이다. 남자든 여자든 상관없다. 잘 먹히는 인사 방법이다. 반려견을 키우는 집이 많다.

참고로 나는 반려견을 키우지 않는다. 반려견을 키우는 사람들에게 반려견은 개가 아니다. 그들은 반려견에게 아빠이고, 엄마이다. 50대 남자가 반려견을 안고 엘리베이터를 탔다.

이럴 때 나는 이렇게 말을 건넨다.

"안녕하세요?"라고 인사를 한 후, "얘가 나가자고 하죠?"

이렇게 말하면 반려견을 안고 있는 남자가 말한다.

"예, 하루에 세 번은 나가야 해요. 시간만 되면 나가자고 난리예요."
그러면서 반려견에 관련된 이런저런 이야기가 오가게 된다.

다음은 젊은 여성에게 인사의 말을 하는 방법이다. 젊은 여성에게 인사를 할 때는 조심해야 한다. 남자가 먼저 인사를 하면 이상하게 생각하는 사람들이 많기 때문이다. 혹시 수작 부리나, 추근거리나 하는 생각에서 그런 것 같다. 결혼하지 않은 아가씨일 경우는 더 그렇다.

젊은 여성을 만나는 경우 나는 이렇게 말을 붙인다. 아기 엄마가 유모차에 아기를 태우고 엘리베이터를 탔다. 그런데 아기가 멋진 선글라스를 쓰고 있었다. 아기에게 말을 걸었다.

"와~ 우리 친구 멋진 선글라스 썼네?"

대답을 누가 했을까? 그렇다. 아기 엄마가 했다.

"'안녕하세요?'라고 인사해야지……."

다음 날 다시 엘리베이터에서 그 젊은 아기 엄마를 만났다. 그런데 아기가 유모차를 타지 않고 걸어서 엘리베이터를 탔다. 그래서 아기에게 이렇게 말을 걸었다.

"와~ 우리 친구, 아저씨하고는 벌써 두 번째지. 어디 가는 거야?"

그랬더니 대답은 역시 엄마가 한다.

"'안녕하세요?'라고 배꼽 인사해야지……."

지금은 엘리베이터에서 만나거나 아파트 단지 내에서 만나는 경우, 내가 '안녕하세요?'라고 인사를 하면 아기 엄마도 환하게 웃으면서 '안녕하세요?'라고 인사를 한다.

내가 먼저 망가졌더니 어느샌가 우리 아파트에서는 나를 모르는 사람이 없게 되었고 모두 환하게 웃으면서 인사하는 사이가 되었다. 라포가 형성되었기 때문이다.

라포를 형성하는 방법

1 내가 먼저 망가진다.

   내가 먼저 마음의 문을 열고 접근해야 한다.

   내가 먼저 인사하고, 악수하고 망가지는 모습을 보여준다.

2 밝은 모습을 보여준다.

   어두운 분위기에서는 마음이 열리지 않는다.

   웃는 얼굴로 상대방의 눈을 맞추면서 마음을 공유한다.

3 경계심을 없애준다.

   경계심이 없어야 마음을 연다.

   나의 허점을 보여주면 상대방도 마음의 경계심을 풀게 된다.

말투에 따라 소통이 달라진다
— 말투 점검

말투부터 점검한다

남편이 퇴근하고 돌아오니 아내가 집에 없다. 한참이 지나서야 아내가 현관문을 열고 들어온다. 남편이 아내에게 물었다.

남편 : 어디 갔다 와?

아내 : 왜? 난 쇼핑도 못 해?

짧은 이 대화에서 무엇이 느껴지는가? 뭔가 불안하다. 두 사람의 마음 상태가 평화로운 상태가 아닌 것 같다. 말에 가시가 돋쳐있다. 금방이라도 폭탄이 터질 것 같은 말투다. 아내의 말투를 색깔로 표현하면 무슨 색일까? 위험을 알리는 붉은 색 아닐까? '접근 금지'를 알리는 색이다.

소통을 위해서 점검해야 하는 것이 몇 가지 있다. 말투, 억양, 표정, 외모 등이다. 이 중에서 제일 먼저 점검해야 하는 것이 말투다. 말하기 전에 말투부터 점검해야 한다. 다음과 같은 말투는 공감 소통에 도움이 되지 않는다. 공감이 일어나지 않게 하는 훼방꾼이다.

• 비난하는 말투

"당신은 나에게 로또야."

"왜?"

"어떻게 하나도 안 맞냐?"

• 충고하는 말투

"너를 생각해서 하는 말인데, 그거 하지 마."

• 잘난 척하는 말투

"그걸 아직도 몰라?"

• 삐딱한 말투

"와~ 오늘 날씨 무척 춥다"라고 했더니

"겨울이니까 춥지, 그럼 덥겠냐?"

• 심문하는 말투

"언제부터 그렇게 했어?"

"도대체 무슨 일을 저지른 거야?"

비속어가 소통을 망친다

40대 남자 두 사람이 이야기를 나누는데 한 사람의 입에서 이런 말이 나온다.

"왜 처웃고 지랄이야. 쪼개지 마."

잠시 후 그의 입에서 또 이런 말이 나왔다.

"뭔 개드립?"

이런 말을 들으면 당신은 기분이 어떻겠는가? 그렇게 유쾌한 기분은 아닐 것이다. 소통하고 싶은 마음이 싹 가시고 말 것이다. 비속어가 소통을 방해한다. 비속어가 사람의 마음을 불편하게 한다. 비속어는 백해무익하다.

비속어는 자기감정을 해소하거나 익살로 다른 사람을 잠시 웃기게 하는 기능은 있을지는 몰라도 공감 소통에는 도움이 되지 않는다. 소통이라는 것이 혼자 하는 일방통행이 아니라 상대방과 함께 하는 쌍방 통행이기 때문이다. 상대방이 그 사람에 대한 부정적인 이미지를 갖게 된다면 소통이 단절되거나 부정적인 결과로 나타나게 될 것이다.

말에는 그 사람의 모든 것이 들어있다. 그 사람의 품격, 생각, 라이프 스타일, 살아온 환경, 사회적인 위치 등이 들어있다.

비속어는 되도록 멀리하는 것이 좋다. 친한 관계일 경우에는 별로 문제가 되지 않을 수는 있을지 모른다. 그러나 처음 보는 사람이라든가 업무적인 관계로 만나는 사람일 경우에는 비속어는 조심하고 또 조심해야 한다.

쩐다 (환상적이다. 대단하다)

레알? (정말? 진짜?)

졸라 (굉장히)

같은 의미라 하더라도 들어서 기분 좋은 말이 있고, 들을수록 기분 나쁜 말이 있다. 주는 것 없이 미운 사람, 주는 것 없이 끌리는 사람이 있다. 비속어를 입버릇처럼 쓰는 사람은 주는 것 없이 미워지는 사람이다. 부드럽고 온화한 말을 쓰는 사람은 주는 것 없이 끌리는 사람이다. 비속어를 습관적으로 쓰고 있는 사람에게 주는 속담이 있다.

고삐 풀린 말들 속에

멀어지는 우리 사이

단정적인 말투를 버린다

"절대 그럴 리 없어."
"한 번도 그렇게 한 적이 없어."
"내가 확신하는데 절대 그렇지 않아."

습관적으로 단정적인 용어를 남발하는 사람이 있다. '절대로, 확실히, 한 번도, 항상, 언제나' 등과 같은 단정적인 말들을 입에 달고 산다. 단정적인 말투는 토론이나 발표에서 자기의 의견이나 생각을 단호하게 표현할 수는 있으나 공감 소통에서는 별로 도움이 되지 않는다. 소통에 있어 공감을 방해하기 때문이다.

"이제 끝이다."
"틀렸어. 그건 절대 아니야."

'끝이다.', '절대 아니야.' 이 말들은 확신과 종결을 나타내는 말이다. 더 이상 소통을 이어갈 수가 없다. 소통의 문이 닫히게 되는 말이다. 공감 소통에는 말문을 닫게 하는 단정적인 표현보다 마음의 문을 열어두는 개방적인 표현이 더 좋다.

"틀렸어. 내가 확신하는데 절대 그렇지 않아."

이 말을 개방적인 말로 바꾸어 보자.

"그 말도 맞을 수 있겠다. 한번 생각해보자."

다시 말하지만, 습관적인 단정적인 말투보다는 다른 입장도 수용할 줄 아는 개방적인 표현이 공감 소통에 큰 도움이 된다.

말하기 전 점검해야 하는 것들

1 말 습관

'어~, 저기~, 거시기~'

귀에 거슬리게 습관적으로 하는 말은 없는가?

2 말투

"됐어. 시끄러워. 그만 좀 해."

감정을 건드리는 거친 말투는 없는가?

3 억양

날카로운 억양

상대방의 감정을 건드리는 날카로운 억양은 아닌가?

4 색깔

밝은 색깔, 어두운 색깔

내 말의 색깔은 밝고 명랑한 말인가?

5 속도

너무 빠른 말, 너무 느린 말

내 말의 속도는 차분하고 적당한 속도인가?

말문을 어떻게 열 것인가?
-마중물 토크

방송에는 오프닝 멘트가 있다

곤지암에서 강의를 마치고 서울로 돌아오는 길이었다. 평상시 즐겨듣던 한 라디오 프로그램에서 진행자가 오프닝 멘트를 이렇게 시작했다.

"갱년기라는 말은 여자에게 하는 말이랍니다. 그러면 남자에게는 뭐라고 할까요?"

'남자에게는 뭐라고 하지?'하고 내가 잠시 주춤하는 사이, 진행자의 다음 말에 웃음이 빵 터졌다.

"갱.놈.기!"

인생에서 자기 자신에 대해서 가장 많이 고민할 때가 언제일까?

사춘기와 갱년기라고 한다. 10대의 사춘기에는 앞으로 내 인생을 어떻게 살아야 할 것인가 하는 고민으로, 40~50대의 갱년기에는 '내가 왜 이렇게 살아야 할까?'하는 고민으로 많은 시간을 보내게 된다. 그럼 남자의 갱놈기에는? '앞으로 어떻게 먹고살아야 할까?'일지도 모르겠다. 이러한 오프닝 멘트가 끝나고 본격적으로 오늘 방송 주제인 여성의 갱년기에 대한 이야기로 들어갔다.

마중물 토크로 시작한다

소통의 시작은 마중물 토크(talk)로 한다. 마중물 토크는 주변에서 흔히 일어나는 일상적인 주제로 가볍고 편안하게 대화를 시작하는 것을 말한다. '마중물'은 펌프에서 물을 퍼 올릴 때 깊숙이 내려가 있는 물을 끌어 올리기 위해서 붓는 물을 말한다.

마중물에서 '마중'은 '오는 사람을 나가서 맞이한다'라는 뜻이다. 깊은 샘에서 펌프로 물을 퍼 올리려면 미리 나가서 맞이하는 한 바가지 정도의 마중물이 필요하다.

마중물 토크는 상대방의 마음을 맞이하기 위한 간단한 대화를 말한다. 우리 생활 중에서 마중물 역할을 하는 것들은 어떤 것이 있을까? 음식에서는 애피타이저가 있다. 본 요리가 나오기 전에 식욕을 돋우기 위해 제공되는 음료와 수프 같은 것이 애피타이저다. 애피타이저를 먹고 나면 본 요리가 더 맛있어진다.

수영에서는 준비운동 후 가슴에 살짝 묻히는 물이 있다. 갑자기 물에 들어가면 심장마비와 같은 사고가 일어날 수 있으니까, 몸을 가볍게 풀어주는 준비운동을 한다. 그리고 물에 들어가기 전에 심장에 물을 살짝 묻힌다. "나 이제 물에 들어갈 거니까 심장 너 준비해" 하는 의미일 것이다.

강의에서는 아이스 브레이킹(Ice Breaking)이 있다. 아이스 브레이킹은 '얼음을 깨다'라는 뜻으로 본격적인 강의에 들어가기에 앞서 어색하고 차가운 분위기를 깨기 위해 유머와 같은 가벼운 이야기로 시작하는 것을 말한다.

처음은 소소한 이야기로 시작한다

본격적인 이야기에 들어가기에 앞서 상대방의 마음을 열기 위해서 소소한 것들로 가볍게 이야기를 시작한다. 마음이 열리지도 않았는데 갑작스럽게 본론으로 들어가면 심장마비가 일어날 수 있으니까 날씨, 가족, 음식 등과 같은 아주 소소한 주제로 가볍게 이야기를 시작하는 것이 좋다.

- 날씨

"오늘 날씨 정말 좋죠?"

"예, 어디론가 훌쩍 떠나고 싶은 충동을 느끼게 하는 날씨네요."

- 일기예보

"오늘 오후부터 비가 온다고 하네요."

"그래서 이렇게 우산을 준비해 왔죠.ㅎㅎ"

- 최근 동향

"어제 가셨던 레스토랑 어땠어요?"

"정말 좋았어요. 분위기도 좋았고 음식도 맛있던데요."

- 주변 이야기

"어머니가 편찮으시다고 들었는데 지금은 좀 어떠세요?"

"예, 염려해주신 덕분에 많이 좋아지셨어요. 요새는 산책도 하세요."

- 학연, 혈연, 지연

"말투가 경상도인 것 같은데, 혹시 대구가 고향이세요?"

"예, 대구에서 태어났어요. 대학교 때까지 대구에서 살았어요."

"한 가지 궁금한 게 있어요. 이름이 '요한'이신데 성경적 이름인가요?"

"맞아요. 부모님이 성경 인물에서 제 이름을 지어주셨어요."

대화를 시작할 때는 마중물 토크로 시작하는 것이 좋다. 깊은 곳에 있는 샘물을 끌어올리기 위해 붓는 한 바가지의 마중물과 같이, 굳게 닫혀 있는 상대방의 마음을 끌어올리는 마중물 역할을 하는 것이 있어야 하는데 그게 마중물 토크다.

마음이 아직 열리지도 않았는데 곧바로 본론으로 들어간다고 한다면 얼마나 딱딱하고 재미가 없을까? 곧바로 본론으로 들어가는 것은 식사할 때 몸에서는 아직 받아들일 준비가 안 되었는데 바로 메인 요리가 나오는 것과 같다.

음식을 맛있게 즐기려면 먼저 가벼운 애피타이저로 몸이 받아들일 준비를 하게 한 다음 메인 요리를 제공하는 과정이 필요하다. 소통도 그렇다. 먼저 날씨, 취미, 주변 이야기 등과 같은 가벼운 마중물 토크로 마음에 준비운동을 하게 한 다음 본격적인 이야기로 들어가는 것이 소통을 매끄럽게 이어가는 방법이다.

마중물 토크 포인트

1 무겁지 않은 가벼운 이야기로 시작한다.

소소한 것에서 소재를 선택한다.

2 긍정적인 소재를 찾는다.

부정적인 이야기가 나오지 않도록 한다.

3 논쟁이 될 수 있는 소재는 피한다.

정치, 종교적인 소재는 논쟁을 유발한다.

4 특별한 의도가 없는 것이 좋다.

일상적인 당연한 것에 관해 이야기를 한다.

공감 소통 인사말은 따로 있다
- 플러스 인사말

누가 먼저 인사하는가?

사람을 만나면 제일 먼저 하는 것이 인사이다. 사람을 만날 때 "안
녕하세요?"라는 인사말은 누가 먼저 하는가?

① 인사하지 않는다.
② 먼저 본 사람이 인사한다.
③ 상대방이 먼저 인사한다.
④ 내가 먼저 인사한다.

나는 몇 번에 해당하는가 손들어 보라. 첫 번째 '인사하지 않는다'
에 손든 사람이 있다면, 그 사람은 공감 소통의 치명적인 결함을 가

지고 있는 사람이다. '싸가지가 없다, 거만하다, 오만하다'는 이유로 사람들로부터 배척을 당하기 때문이다.

두 번째 '먼저 본 사람이 인사한다'에 손든 사람이 있는가? 평상시 알고 지내는 사람이나 친한 경우라 한다면 '먼저 본 사람이 인사한다'에 손들어도 큰 문제는 없다. 대부분의 사람들이 그렇게 한다. 그러나 여기에도 문제는 있다. 그냥 그런 소극적인 관계의 삶을 사는 사람들이 하는 행동이기 때문이다.

세 번째 '상대방이 먼저 인사한다'에 손을 든 사람이 있는가? '상대방이 먼저 한다'에 손든 사람은 공감 소통에 심각한 문제가 있다. 흔히 말하는 갑질을 할 확률이 높은 사람이기 때문이다. 사람들 위에 군림하면서 지시하거나 통제하는 언어에 익숙해져 있을 가능성이 큰 사람이기 때문이다.

마지막으로 '내가 먼저 인사한다'에 손든 사람이 있는가? 정답이다. 공감 소통을 위해서는 내가 먼저 인사해야 한다. 아는 사람이든 모르는 사람이든, 나이가 많은 사람이든 나이가 적은 사람이든 따지지 말고 인사는 내가 먼저 해야 한다. 왜냐? 관계의 주도권 때문이다. 인사를 누가 먼저 하느냐에 따라 인간관계의 주도권이 달라진다.

사람을 만날 때 '안녕하세요?'하고 내가 먼저 인사를 하면 관계의 주도권은 내게로 온다. 그러나 상대방이 먼저 '안녕하세요?'하고 인사를 하니까 나도 답례로 '안녕하세요?'라고 인사를 한다면 관계의 주도권은 상대방에게로 넘어간다.

관계의 주도권을 누가 가지든 그게 무슨 상관이냐 하는 사람이 있을지 모르겠다. 그러나 공감 소통에서는 그렇지 않다. 관계의 주도권을 누가 가지느냐에 따라 소극적인 소통을 하느냐, 적극적인 소통을 하느냐가 달라지기 때문이다.

공감 소통을 위해서는 말하는 주도권을 내게로 가지고 올 필요는 없다. 말하는 주도권은 상대방에게 주는 것이 옳다. 대신 나는 듣는 주도권을 가지면 된다. 상대방이 주도적으로 말하게 하고 나는 듣기를 주도적으로 하면 된다.

인사말에도 전략이 있다

공감 소통 고수들은 말한다.

"공감 소통을 위해서는 사용하지 말아야 할 인사말이 하나 있다."

"오랜만입니다"라는 인사말이다. '오랜만입니다'라는 인사말 속에는 다음과 같은 의미가 들어있기 때문이다.

'그동안 당신을 생각하지 않았다.'

'당신에게 전화도 하지 않았다.'

'당신을 만나지도 않았다.'

'그동안 관계가 소원했다.'

이런 의미들이 들어있다. 그러다 모처럼 만나게 되었으니 '오랜만입니다'라고 하는 것이다.

'오랜만입니다'라는 인사말 대신 '반갑습니다'라는 인사말로 바꿔 보라. '반갑습니다'라는 말 속에는 어제도 당신을 만났고, 오늘도 당신을 만났다는 의미가 들어있다. 어제도 당신을 생각했었고, 오늘도 당신을 생각했다는 말이다. 생각하면 할수록, 만나면 만날수록 반갑다는 의미가 '반갑습니다'라는 인사말 속에 들어있다.

'오랜만입니다'라는 인사말은 관계가 뜸했다는 인사말이고, '반갑습니다'라는 인사말은 자주 만나고 있다는 인사말이다.

공감 소통을 위해서는 '오랜만입니다'라는 인사말은 되도록 사용하지 않는 것이 좋다. 대신 어제도 만나고 오늘도 만나고 자주 만난다는 것을 내 머리에 최면을 거는 '반갑습니다'라는 인사말로 바꿔서 사용하는 것이 좋다. 공감 소통 고수들은 인사말 하나도 전략적으로 사용한다.

나만의 인사말을 만든다

짧은 인사말 속에 상대방의 마음을 열고 원활한 소통을 할 수 있도록 정감 있는 인사말을 만드는 것이 좋다. 우리가 제일 많이 사용하는 인사말이 '안녕하세요?'라는 인사말이다. 사람들은 이 인사말을 아무 생각 없이 사용한다. 그냥 습관적으로 사용하고 있다.

이 '안녕하세요?'라는 인사말에 생명력을 넣어줘 보자. 하나님이 사람을 만들 때 코에다 '후~'하고 생기를 불어넣어 주었듯이 '안녕하세요'라는 인사말에 '후~'하고 생기를 넣어줘 보자. 그러면 '안녕하세요?'라는 흔한 인사말이 산뜻한 인사말, 정감이 넘치는 나만의 인사말로 살아나게 된다.

정감이 넘치는 나만의 인사말을 어떻게 만들 수 있을까? 원 플러스 원(1+1) 전략을 사용하면 된다. 대형마트에 가면 원 플러스 원(1+1) 행사가 있다. 같은 가격에 하나가 더 따라온다. 하나가 더 주어지기에 기분이 좋다. 이것을 '덤 마케팅'이라고 한다. 인사말에도 덤이 있다. '안녕하세요?'라는 인사말에 덤으로 한마디 더 붙이는 것이 원 플러스 원(1+1) 인사말이다.

사람들은 일반적으로 "안녕하세요?"라고 말하고 '끝!'이라고 말한다. 그다음이 없다. 그러니까 그다음 정갈스러운 소통으로 이어지지 못하고 소통이 겉돌고 만다. 자, 이제부터 원 플러스 원(1+1) 인사말로 바꿔서 사용해 보자.

"안녕하세요? 너무너무 보고 싶었습니다."

"안녕하세요? 어? 지난주보다 살이 빠지셨네요."

"안녕하세요? 오늘 날씨 정말 좋죠?"

"안녕하세요? 스카프가 정말 예뻐요. 벌써 봄이 왔네요."

'안녕하세요?'라는 인사말에 한마디를 더해 주었더니 평범했던 인사말이 나만의 생동감이 넘치는 인사말로 새롭게 태어났다. 소통은 인사말에서부터 시작된다. 어떤 인사말을 사용하느냐에 따라 상대방의 반응이 달라진다.

웃으면서 먼저 '안녕하세요?'라고 인사를 하는 것이 인사를 아예 안 하는 것보다는 낫다. 그렇지만 앞서 말한 원 플러스 원 전략을 활용한 인사말을 시도한다면 더 부드럽고 자연스러운 공감 소통의 대화에 한층 더 다가설 수 있는 것이다.

원 플러스 원(1+1) 인사말

"안녕하세요?"라는 인사말에 한마디를 더한다.

1 날씨

"안녕하세요? 태풍이 큰 피해 없이 지나갔네요. 그죠?"

2 건강

"안녕하세요? 건강해 보여서 너무 좋아요."

3 근황

"안녕하세요? 너무너무 뵙고 싶었어요. 어떻게 지내셨어요?"

4 계절

"안녕하세요? 오늘이 모기도 입이 삐뚤어진다는 처서네요."

5 운동

"안녕하세요? 와~ 열심히 운동하시더니 날씬해지셨어요."

누가 주도적으로 말하는가?
- 말하기

말하기는 0과 1의 조합이다

컴퓨터 프로그램은 0과 1의 조합으로 이루어진다. 어떤 상황에서 '예'이면 1, '아니요'이면 0으로 처리한다. 0과 1의 조합에 따라 엄청난 결과를 만들어낸다.

말하기는 숫자 0과 1의 조합이다. 내가 말하는 것을 '0'이라고 하고 상대방이 말하는 것을 '1'이라고 하자. 공감 소통은 누가 말하느냐에 따라 소통의 몰입도와 효과가 달라진다. 내가 말을 많이 하느냐 상대방이 말을 많이 하느냐에 따라 공감 소통의 효과가 분명하게 달라진다.

나 : 0.1, 0.01, 0.001, 0.0001……

상대방 : 1.0, 10.0, 100.0, 1000.0……

내가 말을 많이 하는 경우는 0.1, 0.01, 0.001, 0.0001…과 같이 소통의 효과가 현저하게 떨어진다. 그러나 상대방이 말을 많이 하는 경우는 1.0, 10.0, 100.0…과 같이 소통의 효과가 엄청나게 커진다. 그래서 공감 소통에서는 말하는 것보다 듣는 것이 더 중요하다고 하는 것이다.

소통에 임하는 사람들을 관찰하면 크게 세 종류의 유형으로 구분된다.

1. 자기 이야기만 하는 사람
2. 상대방의 이야기를 듣고 자기 이야기만 하는 사람
3. 상대방의 이야기를 듣고 상대방 이야기에 맞추는 사람

1번, 2번 사람은 소통할 줄 모르는 사람이다. 1번 사람은 일방통행 소통을 하는 사람이다. 남의 이야기는 듣지 않는다. 오로지 자기 이야기만 할 뿐이다. 2번 사람은 도돌이표 소통을 하는 사람이다. 상대방이 무슨 말을 하면 일단은 상대방 이야기를 듣는다. 그러나 말할 때는 상대방이 하는 말과는 전혀 상관이 없이 자기 이야기만 한다. 음악에서의 도돌이표와 같다. 3번 사람이 공감 소통을 제대로 하는 사람이다. 상대방의 이야기를 듣고 상대방의 이야기에 말의 초점을 맞추는 사람이다. 쌍방향 소통을 제대로 하는 사람이다.

말할 때 이야기의 초점이 누구에게 있느냐에 따라 결과가 달라진

다. 이야기의 초점이 나에게 있으면 공감 소통 결과는 엄청나게 작아지고, 이야기의 초점이 상대방에게 맞춰져 있으면 공감 소통의 결과는 무한대로 커지게 된다.

말하는 주인공이 누구인가?

한 강의장에서 설문조사를 했다. '한 번 만나고 나서 두 번 다시 만나고 싶지 않은 사람은 누구인가?'라는 질문을 했다. 그 결과가 어떻게 나왔을까?

1위 : 남의 이야기를 가로채는 사람

2위 : 자기 이야기만 하는 사람

3위 : 자기 자랑하는 사람

1~3위 사람을 가만히 보라. 공통점이 보이지 않는가? 말할 줄 모르는 사람들이다. 공감 소통을 모르는 사람들이다. 상대방 이야기보다는 자신의 이야기에 열을 올리는 사람들이다. 대화하는 도중 갑자기 생각이 났다고 하면서, 상대방이 꺼낸 화제에 대해 내가 그 분야는 더 잘 안다고 하면서 '주인공의 화제'를 자신이 독점하는 사람들이다. 이런 사람이 소통하는 모습을 보면 대화가 썰렁하다. 모래알이

서로 겉도는 것처럼 대화가 따로 논다. 소통이 막히게 되고 관계도 끊어지게 된다.

주부의 모임에서 있었던 일이다. 한 여성이 여수 여행에 관한 이야기를 하고 있었다. 지난 휴가 때 가족과 함께 여수를 갔었는데 '정말 좋았다'는 여행 이야기를 했다. 그러다가 여수 맛집에 대한 이야기로 화제가 돌아갔다.

"간장 게장으로 유명한 집인데 여수에 가면 이 집은 꼭 가 봐."

이 말이 떨어지자마자 옆에 있던 여성이 그녀의 말을 가로챘다.

"아냐, 그 집은 원조가 아니야~ 그 옆집이 진짜 원조야."

그러면서 그 식당에 관한 이야기를 독점하는 것이었다.

자기가 그 식당에 갔던 이야기, 그 식당에 대한 역사, 식당 주인에 대한 이야기, 식당이 유명해진 비하인드 스토리 등을 입에 침 튀겨 가며 늘어놓는 것이었다.

여수 여행 이야기를 꺼냈던 여성은 뻘쭘해졌다. 말하기의 주도권은 자기가 가지고 있었는데 자기가 꺼낸 화제를 상대방이 낚아채 가서 상대방이 혼자 떠들다 보니 주인공이었던 자기는 구경꾼으로 전락해 버린 상황이었다. 이런 사람과 다시 만나면 이야기하겠느냐고 물었더니 머리를 절레절레 흔들었다.

소통할 때는 내 이야기보다는 상대방 이야기에 말하기의 초점을 맞추어야 한다. 상대방이 말하고 있는데 '아참, 갑자기 생각이 났는데' 하면서 자기 이야기를 하는 것은 좋지 않다. 또는 '그것은 내가 더 잘 알아'라고 하면서 상대방의 말을 가로채는 것은 더욱 조심해야 한다.

상대방의 자존심을 상하게 하고 감정을 건드려서 소통이 어렵게 만들 뿐만 아니라 인간관계까지 망치기 때문이다. 어디까지나 말하기의 주인공은 상대방이어야 한다. 말하기의 주도권을 상대방에게 주고 자신은 듣기의 주도권을 쥐고 있는 사람이 소통을 잘하는 사람이다.

경험을 공유하면 소통이 빨라진다

두 젊은 여성이 초보운전 시절 이야기를 하고 있었다.

"나 운전 배우다가 남편하고 이혼할 뻔했잖아."

"왜? 무슨 일 있었어?"

"아니, 도로 주행 연습을 하는데 신경질을 내는 거야."

"맞아. 그래서 이혼한 사람들이 많대."

"돈 좀 아끼겠다고 남편한테 운전 배우겠다는 사람 보면 난 도시락 싸가지고 다니면서 말릴 거야."

그들의 이야기는 '초보운전' 안내 문구 이야기로 옮겨갔다.

"지금 3시간째 직진 중. 나도 내가 무서워요."

초보운전 시절 뒷창문에 이렇게 붙이고 다녔다고 했다.

"'아저씨, 너무 바짝 붙었어요.' 나는 이렇게 붙이고 다녔어."

남편이 직접 컴퓨터로 프린트해서 붙여 주었다고 했다.

"신호등이 바뀌자마자 뒤에서 빵빵거리는 사람들이 있잖아. 그러면 차에서 내려 '너도 초보운전 시절이 있었잖아'라고 한바탕 퍼붓고 싶더라고."

"그러니까. 자기도 초보운전 시절이 있었으면서 말이야."

두 여성의 대화를 보면 호흡이 참 잘 맞는다는 생각이 든다. 둘이 나누는 이야기 속에 공유하고 있는 경험이 들어있다. 경험을 공유하면 동지 의식이 생긴다. '너도 나와 같은 경험을 했었구나'하는 생각에서다. 말하기에서 중요한 것은 경험을 공유하는 것이다. 상대방이 꺼낸 화제에 초점을 맞추면서 '나도 같은 경험을 했었다, 나도 같은 느낌이었다'를 공유하는 것이 좋은 소통이다.

소통은 일방통행이 아니라 쌍방 통행이다. 한 사람이 일방적으로 말하고 다른 한 사람은 일방적으로 듣는 것은 진정한 소통이 아니다. 서로 주거니 받거니 하면서 자기 생각이나 경험을 공유하는 것이 진짜 소통이다. 소통은 말이라는 도구를 사용해서 생각, 느낌, 경험을 공유하는 것이다. 서로 나누는 말 속에 공감하게 되면 소통이 쉽게 되고 관계가 급속도로 가까워지게 된다.

고수들의 말하기 스킬

1 초점

내 중심 이야기가 아니라 상대방 중심의 이야기에 초점을 맞춘다.

2 소재

비난이나 험담의 이야기보다 칭찬, 미담 중심으로 이야기한다.

3 방식

나 혼자 일방적으로 떠드는 것이 아니라 상대방과 보조를 맞춘다.

4 예절

상대방이 말하고 있을 때 끼어들거나 화제를 가로채지 않는다.

5 공유

상대방이 공감할 수 있는 경험담을 공유한다.

수용해주는 한마디에 마음을 연다
- 수용하기

공감 소통은 윈윈게임이다

소통에서는 두 사람이 모두 살아야 한다. 어느 한쪽만 사는 것은 공감 소통이 아니다. 진정한 소통은 상대방도 살고 나도 사는 것이다. 그런데 상대방이 어떤 이야기를 하면 자기 생각에 맞지 않는다고 반사적으로 "그건 아니죠"라고 하면서 받아치는 사람들이 있다. 소통에서는 이기려고 하면 안 된다. 상대방을 이기려고 하면 상대방은 감정이 상하게 되고 결국 소통이 깨지게 되고 나는 패자가 되고 만다.

소통에서 둘 다 함께 사는 방법은 무엇일까? 그것은 '수용'이다. 상대방이 말하는 것이 내 생각이나 의견과 일치하지 않는다고 하더라도 일단 수용해주는 것이다.

122

어떤 사람의 생각에 동의할 수 없을 경우에도

그 생각을 수용해주는 것이 좋다.

– 칼 로저스[3]

친구가 별것 아닌 일로 고민하고 있다. 그 친구가 고민을 내게 털어놓았을 때 내 입에서 어떤 말이 먼저 튀어나오는가?

"쓸데없는 소리 마, 아무 걱정할 것도 아닌 것을 가지고."

이 말에는 수용이라는 마음이 없다. 상대방을 강제로 억누르려고 하는 강압만이 있을 뿐이다. 진정한 소통을 위한다면 상대방의 말에 먼저 수용해주는 것이 첫 번째 해야 할 일이다. 현실적이지 못하다 하더라도 일단 수용해주고 나서 내 의견이나 생각을 말하는 것이 좋다.

"그래? 그거 고민되겠다."

"어휴, 많이 힘들었겠다."

"맘고생이 많았었겠네."

'Yes, But 화법'은 수용 화법이다

지하철 9호선에는 유명한 문구가 하나 있다. 당산역, 고속터미널

---

3) 칼 로저스, 《칼 로저스의 사람 중심 상담》, 학지사, 2007

역 등의 에스컬레이터 벽면에 붙어있는 안전 캠페인 문구다.

'저기 들어오는 저 열차 여기서 뛰어도 못 탑니다. 제가 해 봤어요.'

이 문구가 왜 유명해졌을까? 사람들의 마음을 움직였기 때문이다. 이 문구에 공감한 사람들이 너도나도 자신이 이용하고 있는 소셜 네트워크 서비스(SNS)에 퍼 날랐기 때문이다.

'뛰지 마세요. 핸드레일을 꼭 잡으세요' 등과 같은 지시어, 명령어, 통제어를 사용하지 않았다. 대신 '제가 해봤어요'라는 공감어를 사용했다. 이 한마디가 사람의 마음을 움직인 매직 워드가 된 것이다.

'지금 들어오는 저 열차 여기서 뛰어도 못 탑니다. 제가 해봤어요.'

이 문구를 가만히 들여다보면 'Yes, But 화법'이 들어있다.

Yes, 먼저 상대방의 입장을 수용해주었다.

'저도 고객님과 같은 생각이었어요. 그래서 들어오는 열차를 타겠다고 여기서부터 죽어라 뛰었었죠.' 이렇게 상대방의 입장을 수용해주었다. 그런 다음에 But, 내가 하고자 하는 말을 하고 있다.

'죽어라 뛰어갔었는데 열차를 탈 수가 없었어요. 제가 직접 해봤다니까요. 위험하게 뛰지 마시고 에스컬레이터 손잡이를 잡고 안전하게, 여유 있게 서 있는 것이 더 좋습니다.'

"제가 해 봤어요"라는 말 속에는 이런 의미가 들어있다.

공감 소통 고수들은 'Yes, But 화법'을 자주 사용한다. '아니요'라고 하면서 자기주장을 내세우는 것이 아니라 Yes, 먼저 상대방의 말을 수용해준다. 그런 다음에 But, 자기가 하고자 하는 말을 한다.

친구가 말했다. "좋은 것은 비싸고, 싼 것은 다 비지떡이다." 그런데 이 친구의 말이 내 생각과는 다르다. 친구의 말에 동의할 수가 없다. 이런 경우에는 곧바로 '아니지. 꼭 그런 것만은 아냐'라고 반격하는 것이 아니라 'Yes, But 화법'을 활용해보라.

먼저 Yes, "맞아. 대부분은 그렇지"라는 말로 상대방의 말을 수용해준다. 그리고 나서 But, "하지만 싸다고 해서 꼭 비지떡인 것만은 아니더라고"라고 자기의 의견을 말하는 것이다.

수용하는 것은 받아들이는 것

인정은 상대방을 존중하는 것

'Yes, But 화법'은 힘이 세다

백화점에서 있었던 일이다. 고객이 옷을 입어 보더니 혼잣말로 중얼거린다.

"가격이 좀 비싸지 않나?"

그러자 직원이 펄쩍 뛰면서 받아쳤다.

"무슨 말씀이세요. 고객님. 절대 비싸지 않습니다. 가격이 아니라 품질을 보셔야죠."

이 말에 고객은 뾰로통해져서 매장을 나가 버렸다. 무엇이 문제였을까? 고객을 이기려고 한 것이 문제였다. 고객은 자기 생각을 중얼거렸을 뿐인데 그 말을 되받아치면서 이기려고 덤비니까 고객이 매장을 나가버린 것이다. 이 직원은 'Yes, But 화법'을 모르는 사람이었다.

그런데 다른 직원은 달랐다. 옷을 입어 본 고객이 직원에게 물었다.

"가격이 좀 비싼 것 같아요?"

이 말에 직원이 웃으며 말했다.

"네, 싸다고 생각하지 않습니다. 그런데 어떤 사람은 오히려 싸다고 하던데요. 아마도 품질을 먼저 보신 것 같아요."

이 말은 들은 고객이 "그렇긴 해요"라고 하면서 지갑에서 카드를

꺼내 결제하는 것이었다. 'Yes, But 화법'의 위력을 볼 수 있는 장면이다.

　'고운 말에 귀를 열고 따뜻한 말에 마음 연다'고 했다. 'Yes, But 화법'은 고운 말, 따뜻한 말을 동시에 담고 있는 화법이다. 상대방의 말을 수용해주는 따뜻한 마음, 그리고 반격하지 않고 부드럽게 말하는 고운 마음이 함께 들어 있다.

수용하는 마음 3단계

1 1단계 : 내려놓기

나를 내려놓는다.

내 시각으로 보는 것이 아니라 상대방 시각으로 본다.

2 2단계 : 올려주기

상대방의 기를 올려준다.

상대방이 기분 좋게 말하도록 유도한다.

3 3단계 : 달고 살기

다음 세 마디를 입에 달고 산다.

"그랬군요."

"잘했어요."

"응원합니다."

맞장구가 있어 소통이 즐겁다
– 첫 번째 리액션 : 맞장구

맞장구가 대화를 매끄럽게 한다

직장에서 선후배로 보이는 두 남자가 초등학교에 관해 도란도란 이야기를 하고 있었다.

남자 1 : 옛날에는 초등학교를 국민학교라고 했었어.

남자 2 : 맞아요. 저도 국민학교 다녔어요.

남자 1 : 그래? 내가 다니던 국민학교는 한 학년이 13반이나 됐었어.

남자 2 : 와~ 그렇게나 많아요. 제가 다니던 학교는 8반이었어요.

남자 1 : 우리 학교는 한 반에 50명이 넘었어.

남자 2 : 정말요? 와글와글했겠네요. 지금은 그 절반 정도라고 하던

데요.

남자 1 : 그러게, 우리 아들 학교를 보니 그렇더라고.

두 사람의 초등학교 이야기는 한참 동안 계속되었다. 두 사람의 이야기가 막히지 않고 매끄럽게 진행되는 데는 맞장구가 있었다. '맞아요. 그래? 와~ 정말요? 그러게' 등의 맞장구가 두 사람의 대화를 부드럽게 이어주고 있었다.

판소리에는 창을 하는 소리꾼이 있고, 북을 치며 추임새를 하는 고수가 있다. 고수의 북장단에 맞추어 소리꾼이 소리를 하면 고수는 창을 하는 중간에 '그렇지, 얼씨구, 어허, 좋다' 등과 같은 추임새를 넣는다. 소리꾼이 판소리 대목의 주인공이 되어 신세타령을 하면, 고수는 주인공의 말에 '어허'와 같은 맞장구를 치며 즐거움과 슬픔을 함께 나눈다.

판소리에서 고수가 넣는 '그렇지, 얼씨구, 어허' 등과 같은 추임새가 소통에서는 맞장구라 할 것이다. 판소리에 추임새가 없으면 소리꾼의 소리가 김빠진 사이다처럼 밋밋해져 버리는 것처럼, 소통에서 듣는 사람의 맞장구가 없으면 소통은 밋밋해지고 말하는 사람은 말할 의욕을 잃게 된다.

소통의 고수는 맞장구의 고수다

공감 소통의 고수들은 맞장구를 잘 친다. 특별히 표시 나게 맞장구를 치거나 어색하게 맞장구를 치는 것은 아니지만 그들의 맞장구에 상대방은 신이 나서 말하게 된다. 고수들의 맞장구는 자동차의 액셀러레이터와 같다. 부드럽게 밟아주는 액셀러레이터에 자동차는 속도가 붙듯이 그들이 쳐주는 맞장구에 상대방의 이야기는 속도가 붙게 된다.

고수들의 맞장구에는 두 가지가 들어있다. 첫째는 집중력이다. 맞장구를 잘 친다는 것은 그만큼 상대방의 이야기를 집중해서 듣는다는 것이다. 집중해서 상대방의 말을 듣지 않으면 상황에 맞는 맞장구를 칠 수가 없다. 상대방의 이야기를 집중해서 듣다가 적절한 타이밍에 적절한 맞장구를 치는 것이다.

둘째는 자제력이다. 상대방이 말하는 도중에 '그건 아니야'라고 하면서 자기 이야기를 하고 싶은 충동이 목구멍까지 올라오더라도 자제력으로 꾹꾹 누르고 누른다. 대신 상대방이 말을 많이 하도록 맞장구를 치면서 따라가는 것이다.

고수들이 맞장구를 치는 방법을 따라가 보자. 첫째는 감탄사를 활용한다. 어떻게 해야 맞장구를 잘 칠 수 있을까? 방법은 간단하다. 감탄사만 잘 활용해도 된다.

"아하~, 와!, 정말?, 그렇죠!, 역시."

이 짤막한 감탄사 한마디가 상대방의 기분을 좋게 한다. 말하는 사람이 신이 나서 마음속에 있는 이야기를 털어놓게 만든다.

둘째는 기본적인 맞장구를 활용한다.

"진짜요? 그랬어요? 저도요. 어떡해?" 등과 같은 기본적인 맞장구를 소통 중에 자주 사용한다.

직장인들이 많이 사용하는 3대 맞장구가 있다.

'역시', '그렇지', '알았어'

기본적인 맞장구다. 상대방의 말에 따라 간단하게 쳐줄 수 있는 기본적인 맞장구다. 맞장구는 장황할 필요가 없다. 짧고 간단하지만 기쁨, 슬픔, 격려, 위로를 함께 나눌 수 있다면 그것으로도 충분하다.

마지막으로 기본적인 맞장구에 한마디를 더한다. 맞장구에도 덤이 있다고 할까?

"진짜요? 좋았겠다."

"맞아요. 거기 정말 좋죠?"

"그랬어요? 많이 아팠겠네요."

"헉! 언제 그랬어요? 몰랐어요. 미안해요."

직장 동료가 출근길에 있었던 이야기를 나누고 있었다. 아침에 지하철에서 졸다가 회사에 지각했다.

"지하철에서 졸다가 한 정거장을 더 갔지, 뭐야. 아이참."

"맞아. 나도 그랬던 적이 있어. 마치 타임머신을 탄 것 같더라고."

기본 맞장구 '맞아'로 그친 것이 아니라 '나도 그랬던 적이 있어'라고 한마디 덧붙여 맞장구를 쳐주었다.

말하는 것이 힘들다고 하는 사람이 있다. 그러나 나는 말한다. 말 잘하려 할 필요 없다. 맞장구를 잘 치는 사람이 말을 잘하는 사람이다. 소통이 힘들다고 하는 사람들을 보면 한 가지 병을 앓고 있다. '인색병'이다. 맞장구에 인색하다. 맞장구를 친다고 해서 돈이 들어가는 것도 아닌데 맞장구를 아끼고 아낀다. 그러니까 소통이 답답해진다.

전략적으로 맞장구를 친다

공감 소통의 고수들은 맞장구를 전략적으로 활용한다. 긍정적인 대화에서는 열심히 맞장구를 쳐준다. 상대방이 신나게 말할 수 있도록 맞장구로 상대방의 이야기를 열심히 따라가는 것이다. 또한 상대방이 억울하거나 슬플 때도 열심히 맞장구를 쳐주어 상대방 마음속에 있는 응어리를 풀어준다.

"아휴, 저런 나쁜 놈, 그걸 그냥 뒀어. 나 같으면 한 대 패주었겠네."

상대방이 말로 하지 못한 심한 욕설 같은 것을 대신해줌으로써 억울하거나 슬픔을 당한 사람이 카타르시스를 느끼도록 해주는 것이다.

반면에, 맞장구를 멈추고 조용히 있어야 할 때가 있다. 대화가 부정적으로 흘러갈 때가 그렇다. 정치 이야기, 종교 이야기 등과 같이 논쟁으로 빠질 위험성이 클 때는 맞장구를 치지 않고 가만히 있는다. 일종의 심리 게임이라고 할까. 열심히 따라오던 사람이 조용하면 상대방도 자신의 이야기가 잘못된 길로 가고 있음을 직감하고 다시 원래 가던 길로 돌아오게 된다.

상황별 맞장구 화법

1 동의할 때 맞장구

맞아요./ 저도 그랬어요./ 정말 좋더라고요.

2 동기 부여할 때 맞장구

잘했어./ 최고야./ 그렇지, 정말 재미있네요.

3 의아해할 때 맞장구

그래요?/ 정말요?/ 그럴 수가 있어요?/ 그런 일이 있었어요?

4 놀랐을 때 맞장구

말도 안 돼./ 어머나, 세상에.

5 안타까울 때 맞장구

아이쿠, 저런 저런.

6 유도할 때 맞장구

그래서?/ 정말?/ 설마?/ 그 다음은? 궁금해 죽겠어.

7 상황 전환할 때 맞장구

그건 그렇고,/ 그런데 말이야,/ 아참!

온몸으로 반응해준다
–두 번째 리액션 : 보디랭귀지

소통은 액션이 아니라 리액션이다

재미있고 유익한 공감 소통을 위해서 기억해야 할 두 가지가 있다.

1. 잘 듣는 것
2. 잘 듣고 있다는 것을 보여주는 것

잘 듣는 것을 경청이라 하고, 잘 듣고 있다는 것을 보여주는 것을
리액션이라 한다. 리액션(reaction)이란 '다른 연기자의 대사나 행동에
반사적으로 반응하는 연기'를 말한다. 소통에서는 상대방이 하는 말
에 반사적으로 반응하는 말과 행동을 말한다.

리액션에는 두 종류가 있다. 소리로 나타내는 리액션과 소리 없이

몸으로 표현하는 리액션이 있다. '어머나, 잘했네, 그렇죠, 최고예요' 등과 같이 소리로 표현하는 리액션 즉, 맞장구가 있고, 고개를 끄덕 끄덕, 격하게 박수 치기, 놀라는 표정을 짓기, 어깨동무하기 등과 같이 몸으로 표현하는 리액션. 즉, 보디랭귀지(body language)가 있다.

이 두 가지는 따로 놀지 않는다. 항상 함께 움직인다. 라면에 김치, 우동에 단무지, 치킨에 맥주, 피자에 콜라가 따라다니는 것처럼 소리로 하는 리액션과 몸으로 하는 리액션은 항상 같이 붙어 다닌다.

시각 단서 효과(visual clue effect)라는 것이 있다. 말로 표현하는 것보다 태도, 동작, 행위 등과 같은 비언어적 시각 단서가 소통에 더 큰 영향을 준다는 것이다.

'소통은 액션이 아니라 리액션이다'라고 한다. 액션은 말하는 사람이 하는 것이고, 리액션은 듣는 사람이 하는 것이다. 상대방은 적극적으로 말하게 하고, 나는 상대방이 적극적으로 말하도록 상대방의 말에 반응을 보여주면 된다.

리액션은 아끼는 것이 아니다

아껴야 할 것이 있고 아끼지 말아야 할 것이 있다. 윤명상 님의 〈아끼지 말아야 할 것〉이라는 시[4]를 소개한다.

아끼지 말아야 할 것

나이를 먹어가면서
아끼지 말아야 할 것은
눈물입니다.

슬퍼서 울던
안타깝고 불쌍해서 울던
기쁘거나 행복해서 울던
아니면 이유 없이 울어도
눈물은 아끼는 것이 아닙니다.

가슴에서 흘러내리는 눈물은
상한 감정과 영혼을 치유하는
보약입니다.

소통에 있어서 아끼지 말아야 하는 것이 리액션이다. 마르지 않는
샘물처럼 퍼주고 퍼줄수록 좋은 효과를 나타내는 것이 리액션이다.
리액션은 적극적인 것이 좋다. 상황에 맞지도 않고 영혼도 없는 할리

---

4) 윤명상 블로그 〈시같은 삶을 위하여〉 church21.tistory.com/m

우드 리액션을 하라는 것이 아니다.

상대방의 말에 타이밍을 맞춰서 적극적인 반응을 보여줌으로써 상대방이 '이 사람이 내 말을 잘 듣고 있구나', '이 사람과 소통하는 것이 즐겁다'는 생각이 들게 리액션을 하는 사람이 소통을 잘하는 사람이다.

아침 출근할 때마다 내가 즐겨듣는 라디오 방송이 있다. 〈김현정의 뉴스쇼〉라는 프로그램이다. 이 방송의 진행자인 김현정 PD는 출연자와 인터뷰할 때 참 맛깔스럽게 진행한다. 하루는 인터뷰 중에 격하게 반응하면서 두 손으로 박수를 친다. "맞아요, 정말 그렇네요"라고 하면서 깔깔깔 웃으면서 격하게 박수를 치는 것이었다.

방송에서는 이런 리액션을 보기가 쉽지 않다. 출연자에게 경직되지 않고 명랑한 분위기를 만들어 줄 뿐만 아니라 청취자에게 재미있고 참신한 방송이라는 느낌을 준다. 이 방송을 듣고 있으면 친근감이 느껴진다. 그래서 인기 있는 진행자인 것 같다.

부족함보다는 넘치는 것이 좋다

리액션에 대한 사례발표에서 나왔던 이야기다. '적극적인 리액션에는 어떤 것들이 있을까?'에 대한 사례를 공유하는 시간이었다.

대학교 때 친하게 지내던 친구들이 오랜만에 만났다. 대학을 졸업

하고 나서 어떻게 지냈는지 서로의 안부를 묻는 것으로부터 소통이 시작되었다. 자연스럽게 한 사람씩 돌아가면서 자기가 지내 온 이야기를 하고 있었다. 한 친구가 자기 차례가 되자 이렇게 말했다.

친구 1 : 나 오늘 기분 좋은 날이야.

친구 2 : 그래? 그게 뭔데?

친구 1 : 2년 동안 힘들게 준비해왔던 자격증 나왔어.

친구 3 : 이 단계에서 우리 하이파이브해야 해.

친구 1, 2, 3 : 짠~~ 파이팅!

과유불급(過猶不及)이라 한다. '부족해도 안 되고 넘쳐서도 안 되고 적당한 것이 좋다'라고 할 때 쓰는 말이다. 무슨 일에나 적당히 하는 것이 좋다. 그러나 리액션은 부족한 것보다는 넘치는 것이 좋다. 소극적인 리액션보다는 적극적인 리액션이 공감 소통에는 더 좋다는 말이다. 적극적인 리액션에는 어떤 것들이 있을까?

호탕하게 박수 치며 웃기 – 격하게 동의할 때

엄지척 – 대박, 짱, 최고라고 할 때

가만히 손잡아 주기 – 슬픔에 빠져있는 사람을 위로해 줄 때

어깨동무 – 친근함을 표시할 때

내 주먹으로 내 머리 치기 – '바보, 바보' 하면서 자신을 질책할 때

휘둥그레 눈동자 크게 뜨기 – 놀라움을 표시할 때

뒤로 나자빠지기 – 크게 놀랐을 때

펄쩍펄쩍 뛰기 – 격하게 분노할 때

밑줄 쫙, 별표 다섯 개 땡땡 – 중요하다고 강조할 때

우리가 살아갈 때 아낄수록 좋은 것과 아끼지 않을수록 좋은 것이 있다. 시간, 말, 돈 등은 아낄수록 좋다. 아끼면 아낄수록 나에게 좋은 것으로 돌아온다. 반면에, 아끼지 않을수록 좋은 것이 있다. 베풂, 칭찬, 도전, 운동, 리액션 등은 아끼지 말아야 한다. 아낌없이 주고 또 주면 나에게 좋은 결과를 만들어준다.

온몸으로 하는 리액션

손

하이파이브, 엄지척, 양손 들어 환영, 손잡아 주기, 두 손 들어 항복

얼굴

눈빛 교환, 환하게 웃기, 같이 울어주기, 시무룩한 표정, 붉으락푸르락한 얼굴

머리

고개 절레절레 흔들기, 머리 끄덕이기, 뒤통수 잡기

가슴

고릴라처럼 가슴치기, 가슴을 펼쳐 보여주기, 포옹해주기

자세

가까이 다가가기, 마주 앉기, 갑자기 공손해지기, 뒤로 나자빠지기

공감 소통의 칭찬 방법은 다르다
– 세 번째 리액션 : 칭찬하기

칭찬은 리액션의 한 방법이다

소통을 원활하게 하는 윤활유 역할을 하는 3가지 요소가 있다. 상대방의 이야기에 말로 반응을 보여주는 맞장구, 온몸으로 반응을 보여주는 보디랭귀지, 그리고 상대방을 응원하고 지지하는 칭찬의 말이다. 이 세 가지를 '공감 소통 3대 윤활유'라고 한다.

말로 반응을 보여주는 맞장구, 몸으로 보여주는 보디랭귀지는 앞에서 설명했다. 세 번째, 상대방을 응원하고 지지하는 칭찬에 관해 설명하려 한다. 공감 소통에서 칭찬은 리액션의 한 방법이다. 즉, 공감 소통에서의 칭찬은 소통 과정에서 일어나는 맞장구, 보디랭귀지와 같은 리액션처럼 대화 속에 자연스럽게 녹아 있어야 한다.

커피 원액이 물에 섞여 맛있는 커피 한 잔을 만들어내는 것처럼 칭찬 한마디가 대화 속에 녹아 들어가 유쾌하고 즐거운 소통이 되도록 해야 한다. 어떤 목적을 위해 기획되고 의도된 칭찬이 아니라 자연스럽게 대화의 주제에 녹아 있는 칭찬의 말이 되어야 한다는 것이다.

소통하는 과정에서 상대방에게 칭찬해야 하는 기회가 생겼을 때 주저함이나 망설임 없이 눈은 하얀 동공이 보일 정도로 크게 뜨고 양손으로는 '짝짝짝' 박수를 치면서 "축하합니다. 전 이렇게 좋은 결과가 나올 줄 알았어요. 그동안 준비하고 노력한 것에 비하면 이것은 너무 작지요"라고 칭찬한다.

말로 하는 맞장구에 온몸으로 반응하는 보디랭귀지를 곁들여서 칭찬하는 것이 공감 소통에서의 칭찬 방법의 특징이다. 비빔밥에서 여러 가지 재료들이 섞여서 맛있는 비빔밥이 되듯이 말로 하는 맞장구와 몸으로 보여주는 보디랭귀지, 그리고 칭찬의 말이 소통의 주제와 잘 섞여서 따뜻하고 에너지 넘치는 소통이 되도록 했을 때 공감력이 극대화된다.

칭찬의 초점은 사람에게 맞춘다

한 음식점에서 있었던 일이다. 선배와 후배로 보이는 두 명의 남자가 식사하고 있었다. 선배가 후배에게 물었다.

"이 집 음식 맛있지?"

후배가 대답했다.

"예, 음식이 맛있네요. 음식점 분위기도 좋고요."

칭찬할 줄 모르는 후배다. 아니, 공감 소통의 칭찬 방법을 모르는 후배다. 공감 소통의 칭찬 방법은 일반 칭찬 방법과는 조금 다르다. 일반 칭찬 방법은 사물을 칭찬하든 사람을 칭찬하든 상관없다.

그러나 공감 소통에서는 사물을 칭찬하는 것이 아니라 사람을 칭찬해야 한다. 즉, 칭찬의 초점을 사물이 아니라 사람에게 맞추는 것이다. 만약 후배가 사물이 아니라 사람에게 초점을 맞추는 공감 소통의 칭찬 방법을 알고 있었다면 선배의 질문에 이렇게 대답했을 것이다.

"이 집 음식 맛있지?"라고 선배가 물었을 때 "예, 음식이 맛있네요. 선배는 어떻게 이렇게 좋은 음식점을 알고 계세요? 다음에 아내와 함께 오고 싶네요"라고 대답했을 것이다.

사물이 아니라 사람에게 초점을 맞춘 칭찬 방법이다. 단순히 사물만을 칭찬하는 것이 아니라 그 사물 속에 들어있는 사람의 능력을 칭찬해 주는 방법이다.

'음식이 맛있다. 분위기가 좋은 음식점이다'라고 음식이나 음식점을 칭찬하는 것이 아니라 '이렇게 좋은 음식점을 알고 계시네요'와 같이 좋은 음식점을 알고 있는 사람을 칭찬하는 것이 공감 소통의 칭찬 방법이다.

사람에게는 인정받고 싶어 하는 심리가 있다. 자신의 능력과 영향력을 인정받으면 기분이 좋아지고 마음을 열게 된다. 소통에서 공감력을 끌어올리고자 할 때는 칭찬의 말을 인정받고 싶어 하는 사람의 심리를 충족시켜주기 위해서 사물이 아니라 사람에게 초점을 맞추어 칭찬하는 것이 좋다.

인사말에서부터 칭찬은 시작된다

공감 소통에서의 칭찬은 인사말에서부터 시작하는 것이 좋다. 평상시 캐주얼 복장을 즐겨 입는 사람을 만났다. 특별한 일이 있을 경우를 빼고는 여간해서 양복을 입지 않는 사람이다. 그런데 오늘은 말끔하게 양복을 입고 나왔다.

"안녕하세요? 와~ 오늘은 양복을 입으셨네요. 멋지세요. 무슨 좋은 일 있으신가 봐요?"

"예, 오늘 중요한 만남이 있어서요."

"그래요? 혹시 상견례인가요?"

"예, 아들에게 결혼할 여자친구가 있다고 하네요."

"와~ 축하드립니다. 멋진 아버지에게 멋진 아들인 것 같네요."

"고맙습니다."

'안녕하세요?'라는 인사말에 칭찬의 말이 곁들여졌다. 단순히 '안녕하세요?'라는 인사말로 끝나는 것이 아니라 인사말에 칭찬의 말을 덧붙였더니 상대방이 자연스럽게 아들 결혼을 위한 양가 상견례 이야기를 꺼내게 되었고 거기에 맞추어 덕담으로 소통이 시작되었다.

인사말을 칭찬의 말로 시작했을 때 일어나는 현상이다. 인사말을 칭찬으로 시작하면 짧은 시간에 상대방의 마음이 열리게 되고 소통의 분위기가 밝아지면서 유쾌, 상쾌한 소통으로 이어지게 된다.

인사말에 칭찬의 말을 곁들일 때는 사소한 것을 크게 칭찬하는 것이 좋다. 착용한 액세서리, 새로 입은 옷, 웃는 얼굴, 달라진 외모 등으로 칭찬의 말을 하면 부작용도 없을 뿐만 아니라 본론으로 들어가기에 앞서 마음의 문을 열어주는 마중물 토크로서 소통을 부드럽게 열게 해준다.

"안녕하세요? 와~ 스카프가 너무 멋져요. 스카프를 고르시는 안목이 탁월하세요."

"안녕하세요? 오늘은 환하게 웃는 얼굴이네요. 좋은 일 있으신가 봐요."

"안녕하세요? 우와~ 파마하셨네요. 훨씬 젊어 보이세요. 30대인 줄 알았어요."

칭찬은 타이밍이다. 칭찬은 적기에 해야 한다. 칭찬의 타이밍을 놓치면 칭찬의 효과는 반감될 뿐만 아니라 분위기도 어색해진다. 칭찬할 기회가 생겼을 때는 주저함이나 망설임이 없이 즉각 칭찬하는 것이 좋다.

그러기 위해서는 칭찬하는 습관이 몸에 배어있어야 한다. 칭찬도 연습이 필요하다는 말이다. 평상시 연습을 통해서 자연스럽게 칭찬하는 습관을 들여야 한다. 그래야 칭찬의 기회가 생겼을 때, 타이밍에 맞추어 칭찬의 말을 던질 수 있게 된다.

효과적인 의사소통은 지식이 20%,
대화로 인한 기분이 80%를 차지한다.
- 짐 로엔

지금부터라도 소통할 때 작은 것을 크게 칭찬하는 연습을 해보자. 처음에는 어색할 수 있고 쑥스러울 수 있다. 그래도 괜찮다. 약간 과장해서 칭찬해도 괜찮다. 연습으로 생각하고 칭찬의 말을 한 번 하고 두 번 하는 과정을 거치게 되면 자연스럽게 칭찬의 말을 하게 되는 습관이 몸에 익혀지게 된다.

공감 소통 칭찬법

1 인사말 칭찬법

인사말에 칭찬의 말을 덧붙인다.

"안녕하세요? 합격하셨다면서요? 축하드립니다."

2 소지품 칭찬법

소지품, 액세서리 등 사소한 것을 칭찬한다.

"브로치가 너무 멋있어요. 어디서 사셨어요?"

3 인물 칭찬법

사물이 아니라 사람을 칭찬한다.

"불굴의 추진력 대단하십니다. 저도 많이 배웁니다."

4 과정 칭찬법

결과가 아니라 과정을 칭찬한다.

"지난 1년 동안 밤낮없이 몰두하셨잖아요. 이제 홀가분하시겠어요."

5 선물 칭찬법

칭찬과 함께 작은 선물을 한다.

"1등을 축하합니다. 축하하는 의미에서 제가 커피 사겠습니다."

3장

공감 소통
응용 기술 익히기

기본기를 바탕으로

응용 기술을 익힌다.

공감 소통의

응용 기술은 무엇일까?

첫마디가 소통의 50%를 좌우한다
- 첫마디 연구

첫마디가 중요하다

'트리거 전략(trigger strategy)'이라는 것이 있다. 트리거는 영어로 방아쇠라는 뜻으로 방아쇠를 당기면 총기 안에서 연속적인 작동이 일어나서 마지막에 총알이 날아간다. 이러한 일련의 작동이 일어나게 촉발하는 것을 두고 트리거 전략이라 한다.

공감 소통에서 트리거는 흥미 유발 장치이다. 내가 던진 첫마디에 상대방이 '어?'하게 만든 첫마디가 소통의 트리거(방아쇠)이다. 첫마디를 어떤 말로 시작하느냐에 따라 상대방이 내가 하는 말에 흥미를 가지느냐 가지지 않느냐가 결정된다.

내가 던진 첫마디에 상대방이 '어?'하는 반응을 보인다면 소통의 50%는 이미 성공한 것이다. 나의 첫마디에 상대방은 호기심이 생겼고 이 호기심이 다음 이야기에 집중하게 만들기 때문이다. 공감 소통에서는 첫마디가 중요하다. 첫마디는 호기심을 끌어내는 말로 시작하는 것이 좋다.

　우리 동네 D 건물 입구에는 코끼리가 거꾸로 서 있는 조형물이 있다. 이 코끼리 벌써 유명해졌다. 요즘 이 코끼리 앞에서 핸드폰으로 사진을 찍는 사람들이 부쩍 늘어나고 있다. 코끼리에게 물었다.
　"너는 왜 거꾸로 서 있는 거니?"
　그랬더니 코끼리가 말했다.
　"내가 똑바로 서 있으면 나한테 관심이나 가졌겠냐? 내가 이렇게 거꾸로 서 있으니까 사람들이 관심을 두기 시작했고, 그래서 예술 작품이 되었지."

이 코끼리가 주는 메시지는 무엇일까? 첫마디를 이 코끼리처럼 거꾸로 세워보라는 뜻이 아닐까? 즉, 상식을 뒤집어 보라는 것이다. 예술 분야에서는 상식적이면 작품이 되지 못한다. 상식을 뒤집어야 예술 작품이 되듯이 소통에서의 첫마디는 상식을 뒤집어야 한다.

첫마디는 상식을 살짝 비튼다

"사람 뒤통수를 치면 어떻게 될까?"

"띠잉~~~ 눈알이 튀어나온다?"

그럴지도 모른다. 그래서 장난일지라도 사람 뒤통수를 치는 일은 조심해야 한다.

"그러면 상식의 뒤통수를 치면 어떻게 될까?"

"띠잉~~ 눈알이 튀어나온다?"

100% 그럴 것이다. 내가 장담한다. 호기심이 튀어나온다는 말이다.

내가 던진 첫마디에 상대방이 '어?'하는 반응을 보이게 하려면 상식의 뒤통수를 쳐야 한다. 상식의 뒤통수를 친다? 상식을 살짝 비틀라는 말이다. "상식적이라는 말은 상식이 적이라는 말이다."

그렇다. 상식적인 말로 시작하는 것이 소통의 적이다. 상식이란 무엇인가? 너도 알고 나도 알고 모두가 알고 있는 것을 상식이라고 하지 않는가? 모두가 알고 있는 것이기에 상식적인 말로 시작하면 호기심이 생기지 않는다.

보험회사 영업 사원으로 활동하고 있는 사람이 있다. 그가 친구들과의 모임에서 자기가 하는 일에 대해 이렇게 말했다.

"나는 보험을 팔지 않아."

그러자 친구들이 '어?'하는 반응을 보였다.

"무슨 소리야? 네가 다니는 회사는 보험회사잖아. 그런데 보험을 팔지 않는다고?"

"응, 내가 파는 상품은 보험이 아니야."

"그럼 뭘 파는데?"

"행복을 팔지."

그러면서 그가 보험회사 영업 사원으로 활동하는 이유를 설명해 나가기 시작했다.

화장품 회사 영업 사원은 화장품을 팔고, 소주 회사 영업 사원은 소주를 팔고, 보험회사 영업 사원은 보험을 파는 것이 상식이다. 누구나 다 알고 있는 사실이다.

그런데 첫마디가 누구나 다 알고 있는 상식적인 말로 시작한 것이 아니라 상식의 뒤통수를 치는 말로 시작했다. 첫마디를 상대방이 '어?'하는 반응이 일어나도록 전략적으로 준비한 말로 시작했다. 상대방의 흥미를 유발하기 위한 트리거 전략이었다.

호기심을 자극하는 첫마디를 던진다

상식을 뒤집은 말로 첫마디를 시작하면 사람들이 호기심을 갖게 되는 이유는 무엇일까? 희귀성 때문이다. 나도 알고 너도 알고 모든 사람이 알고 있는 상식에는 호기심이 생기지 않는다.

네잎클로버를 보라. 왜 사람들은 눈을 부릅뜨고 네잎클로버를 찾으려고 하는가? 희귀성 때문이다. 세잎클로버는 지천에 깔려 있다. 많고 많은 게 세잎클로버다. 그래서 관심이 없는 것이다.

상식을 뒤집은 첫마디에 사람들의 관심이 달라지는 것은 희귀성이 생겼기 때문이다. 누구나 알 수 있는 이야기가 아닌 나만이 알고 있는 비밀스러운 이야기로 변했기 때문이다. 그래서 내 얘기에 관심을 두게 된다. 눈빛이 달라지고, 나에게 바짝 다가오게 되고, 내가 하는 이야기에 집중하게 된다.

호기심을 자극하는 첫마디는 어떻게 해야 할까? 첫 번째 방법은 비밀을 담은 첫마디로 말하는 것이다.

어느 날 친구가 이렇게 말했다.

"이건 너한테만 하는 말인데……. 아니다. 아무에게도 말하지 않기로 했는데. 내가 실수했다. 안 들은 걸로 해줘."

"무슨 소리야? 왜 얘기하려다 말아?"

그 친구가 하려던 말이 궁금했다. 그래서 빨리 말하라고 그 친구를 재촉했었다. 비밀이 숨겨진 이야기에는 호기심이 생긴다. 희소성 때문이다.

두 번째 방법은 선택형 질문을 하는 것이다. 선택형 질문은 둘 중에 하나를 선택하게 하는 질문이다.

한 드라마에서 남자 주인공이 문을 벌컥 열더니 여자 주인공에게 말했다.

"굿(good) 뉴스, 배드(bad) 뉴스가 있는데 무엇부터 말할까?"

그러자 여자 주인공이 대답했다.

"굿 뉴스."

선택형 질문을 하면 상대방은 자신이 가장 관심이 있는 것을 먼저 선택하게 된다. 상대방이 무엇에 관심이 있는가에 대한 정보를 알고 있는 경우 유용하게 사용할 수 있는 첫마디이다.

세 번째 방법은 결과를 숨긴 첫마디로 말하는 것이다.

"나 오늘 죽는 줄 알았어."

"왜? 무슨 일 있었어? 어? 너 얼굴이 왜 그래?"

"응, 운전하다가."

"운전하다가 사고 난 거야? 어디 다친 데는 없어?"

"아니, 아니 그게 아니고……."

결과를 숨긴 첫마디로 시작하면 일이 벌어진 과정이 궁금해진다. 어떤 상황에서 어떤 과정을 통해 그러한 결과가 만들어졌는가 그 비밀이 궁금하기 때문이다.

이처럼 비밀을 담은 첫마디, 선택형 질문, 결과를 숨긴 첫마디는 상대방의 호기심을 불러일으켜 공감 소통을 이루어내는 결정적인 전략이라고 할 수 있다.

호기심을 자극하는 첫마디 만들기

이유를 감춘 첫마디를 만든다.

"40년 전통의 맛집이 망했다." (X)

"40년 전통의 맛집이 망하게 된 숨겨진 이야기" (O)

Why? 이유가 궁금하다.

핵심 단어를 감춘 첫마디를 만든다.

"해외여행을 출발할 때 여권은 꼭 챙겨야 한다." (X)

"해외여행을 출발할 때 이것만은 꼭 챙겨야 한다." (O)

What? 무엇이 궁금하다.

방법을 감춘 첫마디를 만든다.

"주식으로 4천만 원 벌었다." (X)

"2시간 만에 4천만 원 벌었다." (O)

How? 방법이 궁금하다.

사소한 것이 결정적인 역할을 한다
– 사소한 것 챙겨주기

왜 서운하게 느끼는가?

'무심남'이 있다. 상대방에게 무관심한 사람을 두고 하는 말이다.
외출하려고 현관문을 나서다가 아내가 남편에게 물었다.

아내 : 여보, 나 달라진 거 없어?

무심남 : 글쎄? 평상시와 똑같은데…….

아내 : 자세히 좀 봐봐. 뭔가 달라졌잖아.

무심남 : 달라지기는 뭐가 달라져? 시간 없어. 빨리 가자고.

아내 : 아휴, 웬수. 스카프가 달라졌잖아.

아내는 뾰로통해져서 눈을 흘기며 남편에게 쏘아붙였다.

사람들은 왜 서운하게 느끼는가? 당연한 것을 챙겨주지 않기 때문이다. 상대방이 이 정도는 당연히 챙겨줄 것이라고 믿고 있었는데 자기에게 관심도 없을 뿐만 아니라 그냥 지나쳐버리기 때문에 서운함을 느끼는 것이다. 기대하고 있는데 그 기대가 충족되지 못하기 때문에 서운해하는 것이다.

자칭 '소소남'이라 하는 사람이 있다. 상대방에 대한 소소한 것을 챙겨주는 남자라고 한다. 작고 사소한 것을 잘 챙겨줘서 주변 사람들로부터 좋은 평을 받는 사람이라고 했다. 외출하려고 현관문을 나서다가 남편이 아내에게 말했다.

소소남 : 와~ 당신 스카프 멋지네!

아내 : 그래요? 괜찮아요?

소소남 : 그럼! 최고야. 사람들이 당신에게서 봄을 느낄 것 같은데.

아내 : 정말? 고마워요.

문을 나서면서 아내가 남편에게 찰싹 달라붙으며 팔짱을 끼었다. 얼굴에는 환한 웃음꽃이 피어 있었다.

우리는 흔히 '가성비'를 말하곤 한다. 가성비는 '가격성능 비율'의 첫 글자를 따서 만든 용어인데 투자한 가격 대비 나타나는 결과에 따라 '가성비가 좋다 또는 높다'라고 하거나 '가성비가 안 좋다 또는 낮다'라고 한다.

공감 소통에서도 가성비가 높은 행동이 하나 있다. 투자한 시간과 노력에 비해 상대방에게 공감력을 급격히 올려주는 것이 있는데, '사소한 것 챙겨주기'가 대표적이다. 상대방의 사소한 것을 알아봐 주거나 챙겨주면 사람 마음이 달라진다. 특히 잘 알지 못하는 사람이 전혀 예상하지 못한 상황에서 내게 작고 소소한 것을 챙겨주었을 때 그 사람에 대한 감정이 급속도로 달라진다.

가까운 사이인 사람이 사소한 것을 챙겨주어도 사람 기분이 좋아지는데 전혀 예상하지 못한 사람이 사소한 것을 챙겨주면 그 사람에 대한 감정이 확연히 달라질 뿐만 아니라 짧은 시간에 그 사람에 대한 호감도가 올라가게 된다. '사소한 것 챙겨주기'는 작고 소소한 것을 챙겨주는 것에 불과하지만 공감력을 급속도로 높여주어 공감 소통에서 결정적인 역할을 하는, 가성비가 높은 행동이다.

말하기 전에 먼저 챙겨준다

아들이 회사 근처 식당 중에서 단골로 다니는 식당이 있다. 일주일에 한두 번은 꼭 이 식당에서 점심을 먹는다고 한다. 그가 처음으로 이 식당에 들렀을 때 있었던 일이다. 밑반찬으로 계란말이가 나왔다. 아들은 어릴 때부터 계란말이를 무척이나 좋아했다. 그래서 식사 중에 계란말이를 추가로 요청해서 맛있게 먹었다. 이 식당에 두 번째 방문하여 식사하고 있었다.

"계란말이 좋아하신다고 했죠? 여기서는 계란말이는 무한 리필이니 언제든지 말씀하세요."

추가로 계란말이 달라고 요청하지도 않았는데 식당 사장이 계란말이를 손수 가져다주면서 한 말이다. 아들이 계란말이를 좋아한다는 것을 기억해두었다가 아들이 말하기도 전에 계란말이를 가져다준 것이다. 이것이 계기가 되어 아들은 이 식당을 단골로 이용하고 있다고 한다.

작은 것이지만 상대방의 취향이나 좋아하는 것 등을 기억해 준 식당 사장에게 호감을 느끼게 되었고 그래서 마음의 문이 열린 것이다. 작은 것 하나 기억해 준 것이 이 식당을 단골로 이용하게 된 결정적인 역할을 한 것이다.

상대방이 말하기 전에 가려운 곳을 먼저 긁어주라고 한다. 그래야 고마움을 느끼게 된다. 상대방이 말한 다음에 가려운 곳을 긁어주면 그때는 이미 늦었다. 똑같은 수고를 하고도 고맙다는 말을 듣지 못한다. 소통에서도 마찬가지다. 비록 작은 것일지라도 먼저 기억하고 상대방이 말하기 전에 먼저 챙겨주면 상대방 마음의 문이 열리게 된다.

관심이 있느냐 없느냐의 문제다

상대방이 말하기 전에 작은 것을 챙겨주는 것은 관심의 문제다. 내가 상대방에게 관심이 있으면 상대방의 무엇을 챙겨줄 것이냐가 보인다. 그러나 내가 상대방에게 관심이 없으면 아무것도 보이지 않는다. 상대방에게 관심이 없는 '무심남'에게는 보이지 않고 항상 상대방에게 안테나를 열어놓고 소소한 것을 챙기려 하는 '소소남'에게는 보이게 되어 있다.

작은 것을 챙겨주기 위해서는 어떤 것에 관심을 가져야 할까? 3가지에 관심을 가지는 것이 좋다. 학연, 혈연, 지연이다. 인간관계를 돈독히 하기 위해서 챙겨야 하는 3가지가 학연, 혈연, 지연이다. 출신 학교와 관련된 인맥, 혈연으로 맺어진 인맥, 지역적으로 관계가 있는 인맥을 관리하는 것이 인맥 관리의 3가지 방법이다.

그러나 공감 소통에서는 학연, 혈연, 지연은 그 의미가 인맥 관리와는 약간 다르다. 첫째, 학연은 공부와 연결된 관심이다. 배우고 있는 것, 관심 있게 보고 있는 것, 좋아하는 취향, 취미 등에 관심을 두는 것이 학연이다.

50대 중반의 한 남자가 있다. 요즘 색소폰을 배우고 있다. 남자들 중에 50대가 넘어가면서 많이 갖는 로망 중에 하나가 색소폰을 배우는 것이다.

필자 : 색소폰 연습 잘되세요?

남자 1 : 아직은 서툴지만, 열심히 연습하고 있어요.

필자 : 처음에는 소리내기도 쉽지 않다고 하던데요. 정말 그래요?

남자 1 : 그렇더라고요. 제가 연습하고 있는 거 핸드폰으로 찍었는데 한번 보실래요?

상대방이 공부하고 있는 것, 배우고 있는 것, 좋아하는 취미 등에 관한 것을 슬쩍 건드렸을 뿐인데 상대방은 자기가 지금 하는 것에 대해 입에 침이 마르도록 자랑한다. 이것이 사소한 것을 챙겨주었을 때 나타나는 효과다.

둘째, 혈연은 상대방뿐만 아니라 가족이나 친척에 대한 관심을 두는 것이다. 상대방이나 가족의 애경사 문제, 상대방의 신체적 변화, 건강 등에 관한 관심을 가지면 소소한 것을 챙겨줄 수가 있게 된다.

예를 들어, 한 남자가 이발을 하고 왔다.

필자 : 와~ 이발하셨네요?

남자 1 : 네!

필자 : 제가 한 번 맞춰볼까요?

남자 1 : 뭘요?

필자 : 언제 이발하셨는지?

남자 1 : 그래요? 그럼 한번 맞춰보실래요.

필자 : 음~~ 그제 이발하셨죠?

남자 1 : 땡~ 틀렸습니다. 어제 이발했습니다.

머리를 깎은 것은 작은 것이다. 머리를 깎는 것은 평상시 일어나는 작은 일이지만 이발한 것에 대한 작은 것에 관심을 보였더니 이렇게 소통이 명랑하게 이어지는 것이다.

셋째, 지연은 사는 동네에 관한 것이다. 물론 출신 지역에 관한 것도 포함된다.

필자 : 사시는 곳이 가양동이라고 하셨죠?

남자 1 : 네.

필자 : 저 며칠 전에 가양동에 있는 명품 갈비집에 갔었어요.

남자 1 : 아~ 그래요? 그 집은 맛집으로 유명한 집이에요.

필자 : 맞아요. 사람들이 줄을 서서 기다리더라고요. 저도 30분이나 기다렸어요.

상대방이 사는 지역을 소재로 소통을 시작한 경우다. 그 지역의 유명한 맛집이나 유명한 장소, 관광 명소, 그 지역 출신 유명인 등을 소재로 하여 소통을 시작하는 것이 좋다. 자기가 사는 지역을 기억해 준다는 것에 마음이 열리고 공감력이 향상된다.

사소한 것 챙겨주기

1 **잔 펀치에 KO(케이오) 된다.**

큰 펀치 하나에 KO 되는 것이 아니라 작은 펀치를 자주 맞으면 KO 된

다는 말이다.

평상시 작은 것을 챙겨주었을 때 나타나는 효과가 그렇다.

작은 것 하나하나가 쌓이다 보면 결정적인 영향을 주게 된다.

2 **예상 밖의 행동을 한다.**

사소한 것일지라도 전혀 예상하지 못한 사람이 챙겨주면 감동이 다르다.

3 **배려의 마음을 눈으로 보여준다.**

말하지 않으면 상대방은 모른다.

상대방에 대한 나의 관심을 '사소한 것을 챙겨주는 것'으로 눈으로 보게

해준다.

숫자 하나가 열 마디 말보다 낫다
- 숫자 활용

추상적인 말에는 공감이 어렵다

공감 소통의 고수들에게는 한 가지 특징이 있다. '말을 잘한다'는 것이다. 말을 잘한다는 것이 따다다 청산유수로 잘 떠든다는 것이 아니다. 자기가 전달하고자 하는 핵심 내용을 상대방이 커뮤니케이션 오류가 일어나지 않게 정확하게 잘 전달한다는 것이다. 그들이 정확하고 쉽게 전달하는 방법의 하나가 숫자를 활용하는 방법이다.

"우리 주변에 비만인 사람이 많다."

이런 말을 들으면 어떤 생각이 드는가? '오~ 정말?'하면서 심각하게 받아들여지는가? 아닐 것이다. 이런 말에는 공감력이 없다. 추상적으로 막연하게 표현한 말이기 때문이다. 그런데 이 말을 이렇게 바꿔서 말했다.

"우리 주변에 3명 중 1명은 비만이다."

이렇게 말하면 가슴에 확 와 닿는다. 귀에 팍, 머리에 팍, 가슴에 팍 팍 꽂힌다. 추상적이거나 막연한 말이 아니라 숫자를 통해서 구체적으로 표현한 말이기 때문이다. 숫자는 짧다, 숫자는 단순한 기호에 불과하다. 그러나 숫자가 주는 힘은 엄청나다. 백 마디 말보다 숫자 하나가 사람의 마음을 강하게 헤집고 들어온다.

전화 통화 후 전화를 끊으면서, 또는 만남 후 헤어지면서 영혼 없이 많이 쓰고 있는 인사말이 있다.

"언제 밥 한번 먹자."

그냥 하는 말이다. 막연하게 하는 말이다. 정말로 밥 먹자고 하는 말이 아니다. 이 말을 정말 밥 한번 먹자는 것으로 믿는 사람은 아무도 없을 것이다. 이 말을 진정성 있게 받아들이는 사람이 있다면 그 사람은 좀 이상한 사람이다. 이 말을 이렇게 바꿔서 말해보자.

"다음 주 토요일 11시 30분에 만나서 밥 한번 먹자."

어떤 생각이 드는가? 그냥 지나가는 말로 들리는가? 아닐 것이다. 진정성이 있어 보이지 않는가. 소통할 때 숫자를 활용하면 말에 대한 믿음이 달라진다. 말하는 사람에 대한 신뢰도가 달라진다.

숫자로 말하면 공감력이 커진다

내가 쓴 책 중에 《한 권으로 끝내는 리크루팅 성공 매뉴얼》이라는 책이 있다. 536페이지나 되는 좀 두꺼운 책이다. 영업사원을 채용하고 육성시키는 일에 관련된 책이다. 이 책이 처음 나왔을 때의 일이다. 한 커피전문점에서 리크루팅 업무를 담당하고 있는 A사 본부장을 만났다.

A 본부장 : 교보문고에서 선생님의 책을 한 시간 동안 서서 읽다가 이 책을 구매하게 되었습니다.
필자 : 아, 그래요. 감사합니다.
A 본부장 : 536페이지나 되는 이 두꺼운 책을 이틀 만에 다 읽었습니다. 제 사십 평생에 이렇게 두꺼운 책을 이틀 만에 단숨에 읽은 것은 이 책이 처음입니다.
필자 : 재미도 없는 책을 단숨에 읽으셨다니 정말 감사합니다.

이렇게 시작한 그와의 대화는 이 책을 어떻게 활용하느냐에 대한 이야기로 2시간이 넘게 진행되었다.

이 본부장과 2시간이 넘게 소통하면서 느낀 점은 대화 중에 숫자에 대한 활용이 뛰어나다는 것이었다. 대화를 시작하는 짧은 대화 속에 '한 시간 동안, 536페이지나 되는 두꺼운 책을, 이틀 만에 단숨에,

사십 평생에, 이 책이 처음입니다' 등과 같은 숫자가 들어있다.

두루뭉술하게 추상적으로 말하는 것이 아니라 숫자를 활용해서 명확하게 말하고 있다. 말에 대한 신뢰가 달라지고 그가 말하고자 하는 핵심 내용을 쉽게 공유할 수 있었다.

TV 홈쇼핑에서 쇼핑 호스트가 이렇게 말했다.

"지금까지 8,300세트가 팔렸습니다. 3초에 하나씩 팔리고 있습니다. 어서 오세요. 이제 딱 6분 남았습니다."

막연하게 '불티나게 팔리고 있습니다'라고 말하는 것이 아니라 '3초에 하나씩 팔리고 있습니다'라고 구체적인 숫자로 말하다 보니 '인기가 많은 상품인가 보다, 많은 사람들이 구매하는 좋은 상품인가 보다'하는 생각에 나도 모르게 채널을 고정하고 보고 있었다.

숫자로 말하면 공감력이 향상된다. 숫자로 말하면 추상적인 것이 구체적인 것으로 바뀌게 되고 귀에 팍, 마음에 팍, 뇌리에 팍팍 꽂히게 된다. 추상적인 말을 장황하게 하는 것보다 숫자 하나로 말하는 것이 훨씬 효과적이다.

핵심 내용을 숫자로 말한다

초등학생 딸을 둔 엄마가 들려준 이야기이다. 어느 날 초등학교를 다녀온 딸이 이렇게 말했다.

딸 : 엄마, 난 초등학생인 것이 49%는 좋고, 51%는 싫어.

엄마 : (의아한 표정을 지으며) 그래? 왜 싫은 쪽이 더 많은 거야?

딸 : 초등학생인 것이 감옥 같아서…….

띠~잉~~~ 딸의 이 한마디에 엄마는 큰 충격으로 할 말을 잃었다. 어린 초등학생이 지고 있는 인생의 무게가 느껴진다.

소통에서 숫자를 활용할 줄 아는 사람은 2개 국어를 자유자재로 사용할 줄 아는 사람과 같다. 우리가 흔히 3개 국어, 5개 국어를 하는 사람을 만나면 '와~'하면서 그를 다시 보게 되고, 그 사람을 탁월한 사람, 뛰어난 전문가로 인정하고 싶어진다. 마찬가지로, 숫자를 자유자재로 활용해서 소통하는 사람을 만나면 그에 대한 신뢰도가 달라지고 특별한 사람으로 인정하고 싶어진다.

내가 말하고자 하는 핵심 내용을 숫자로 표현해보라. 숫자가 상대방이 호기심을 갖게 하고, 집중력을 강하게 해서, 쉽게 공감하게 한다. 이미 다 알고 있는 이야기도 숫자로 말하면 새롭게 들린다.

사람들의 관심을 집중시켜야 할 때, 누군가를 설득해서 어떤 것을 선택하게 해야 할 때 숫자를 활용해보라. 숫자는 진부한 것도 새롭게 만들고, 관심이 없던 것도 관심을 두게 만드는 기막힌 재주를 가지고 있는 언어이다.

174

숫자 활용 방법

1 추상적인 것을 명확하게 표현한다.

"최대한 빨리 끝내겠습니다." (X)

"열심히 해서 오후 3시까지 끝내겠습니다." (O)

2 구체적인 숫자로 신뢰감을 준다.

"20개 남았습니다." (X)

"23개 남았습니다." (O)

3 숫자와 비유를 혼합해서 공감력을 높인다.

"사무실이 엄청 넓다." (X)

"대형 버스 5대가 들어가는 크기다." (O)

4 비율의 경우는 풀어서 설명한다.

"취업률 89%" (X)

"10명 중 9명이 취업했다." (O)

5 같은 의미, 다른 표현을 찾는다.

"시간을 경영하라." (X)

"하루 1,440분을 경영하라." (O)

쉽게 말하면 공감도 쉬워진다
-비유 활용

고수는 쉽고 단순하게 설명한다

소통이 쉽게 이루어지지 않는 이유 중의 하나는 '정보의 비대칭' 때문이다. 나는 알고 상대방은 모른다는 데서 나타나는 현상이 정보의 비대칭이다. 정보의 비대칭은 공감 소통을 위해서 반드시 넘어야 할 산이다. TV 뉴스에 산불에 대한 보도가 있었다.

"동해안 산불로 인해 2만 1,765ha의 산림 피해가 추정된다고 밝혔다."

'2만 1,765ha?' 어느 정도의 면적을 말하는 거야? 도대체 어느 정도의 면적이 피해를 입었다는 거야? 도저히 감이 잡히지 않는다. 뉴스를 보도하는 기자는 학습된 정보에 의해서 1헥타르(ha)가 어느 정도의 면적인지 알고 있다. 그러나 시청자는 1헥타르(ha)에 대한 학습

된 정보가 없다. 정보의 비대칭 현상이 일어났다. 그래서 공감이 일어나지 않는 것이다.

그래서 요즘은 이렇게 풀어서 보도하는 것을 보게 된다.

"이번 산불의 피해 면적 2만 1,765ha는 서울 면적(6만 500ha)의 3분의 1을 넘었다. 여의도 면적(290ha)의 75.1배에 해당하고 축구장(0.714ha)이 3만 483개 모인 넓이다."

'산불 피해 면적 = 서울 면적의 3분의 1 이상'

'산불 피해 면적 = 여의도 면적의 75.1배'

'산불 피해 면적 = 축구장 면적의 3만 483배'

이렇게 비유를 활용해서 설명해주니까 이해가 쉽다. 공감이 쉽게 된다. 소통에서 중요한 것은 내 생각과 느낌을 상대방에게 어떻게 쉽고 명확하게 전달할 수 있느냐는 것이다.

하수는 쉬운 것도 어렵게 말하고
중수는 어려운 것을 어렵게 말하고
고수는 어려운 것을 쉽게 말한다.

비유로 설명한다

소통의 고수들은 비유의 달인이다. 상대방과 소통할 때 요소요소에 적절한 비유를 활용한다. 자신이 생각하는 것을 비유를 통해서 정확하고 이해하기 쉽게 전달한다. 그의 말을 들으면 무릎을 '탁'치게 된다. 나도 모르게 고개가 끄덕여지고 저절로 행동과 결심이 바뀌게 된다.

한 TV 프로그램에서 음식 프랜차이즈 사업가로 유명한 백종원 대표가 라면 끓이는 방법에 관해 설명하고 있었다.

"여러분, 라면 봉지에 보면 물을 500mL 부으라고 되어있쥬? 근데 500mL가 얼마만큼인지 누가 알아유? 이렇게 하시면 됩니다. 500mL는 종이컵으로 3컵입니다. 물은 종이컵으로 3컵만 부으세유. 어때유, 참 쉽쥬?"

충청도의 구수한 사투리와 함께 설명도 참 쉽게 한다. 이제 명확해졌다. 물을 얼마만큼 부어야 하는지 몰라서 라면 끓일 때마다 실패했었는데 이제 명확하게 알겠다. 물은 종이컵으로 3컵만 부으면 된다. '500mL = 종이컵으로 3컵'으로 비유해서 설명해주니, 라면 끓이기가 쉬워졌다.

소통을 잘하는 사람은 어렵고 멋있어 보이는 말에는 관심을 두지 않는다. 자기가 말하고자 하는 것을 쉬운 단어, 평범한 단어들로 쉽게 재미있게 설명한다. 상대방의 눈높이에 맞추어 쉽게 설명해주기에 완벽한 소통이 이루어지는 것이다.

비유는 (   ) 넣기이다

"철학은 (   )이다."

한 철학자가 강의를 시작하면서 다음과 같은 질문을 던졌다.

"(   ) 안에 들어갈 말은 무엇일까요? 생각해보세요. 1분간 시간을 주겠습니다. 자~, 시작!

그만! 시간이 다 됐습니다. 여러분은 네모 안에 들어갈 말을 뭐라고 했습니까?"

이 철학자는 네모 안에 들어갈 말을 이렇게 했다.

"철학은 '지우개'입니다."

철학은 세상에 던져진 물음표를 싹싹 지우는 것이니까. 그러면서 '철학이란 무엇인가'에 대한 그의 강의가 시작되었다. 세상에 던져진 물음표를 어떻게 지워나갈 것이냐 하는 것이 강의의 핵심 내용이었다.

상대방의 관심을 극대화하면서 내가 하는 말을 쉽게 설명하는 방법으로 비유를 적극적으로 활용해보라. 비유는 상대방의 호기심을 자극하고 상대방의 생각이 깨어나게 한다. 내가 전달하고자 하는 말의 깊이와 임팩트를 강하게 느껴지도록 한다.

혹자는 말한다. '비유는 어렵다', '머리 아프게 뭐 비유를 찾아야 하나? 그냥 생각나는 대로 말하면 되지⋯⋯.'

아마추어들이 하는 말이다. 소통이 제대로 이루어지지 않게 하는 사람들이 하는 말이다. 잊지 말아야 하는 것은 내 생각, 느낌, 감정을 어떻게 상대방에게 쉽고 정확하게 전달할 것이냐는 것이다.

내가 강의장에서 자주 활용하고 있는 사례 하나를 소개한다.

"여행이 즐거운 이유는 (   )이다. (   )안에 들어갈 말은 무엇인가?"

이 질문에 대한 대답이 여기저기에서 나온다.

"회사에 출근하지 않아도 되니까요."

"일에서 벗어날 수 있으니까요."

"새로운 세계를 볼 수 있으니까요."

땡~ 모두 틀렸다. 여행이 즐거운 이유는 '돌아갈 집이 있기 때문이다.'

생각해보라. 돌아갈 집이 없으면 어떻게 되겠는가? 돌아갈 집이 없는데 그 여행이 어떻게 즐거울 수 있겠는가?

비유로 말하는 방법

> 1단계 : (　　　) 넣기를 한다.
>
> 　　　　비유로 설명할 것에 (　　　) 넣기를 한다.
>
> 2단계 : Why 왜 그런지 이유를 설명한다.
>
> 　　　　'〜이니까', '〜 때문에'로 이유를 설명한다.

1 내 마음은 (　　　　)이다.　　　　　　보조배터리

정기적으로 충전해주어야 하니까

2 인생은 (　　　　)이다.　　　　　　1막 1장의 연극

앵콜 공연도 없이 한 번으로 끝나는 연극과 같은 것이니까

3 호기심은 (　　　　)이다.　　　　　　느낌표

궁금한 것이 풀리면 '아하'하고 느끼게 되니까

센스를 담으면 소통이 즐겁다
- 언어유희

재미있게 말하려면?

30대 남자 두 명이 도란도란 대화하고 있었다.

남자 1 : 너, 내 중학교 동창 태균이 알지?

남자 2 : 응, 그 못생긴 친구?

남자 1 : 그래. 그 친구 여자들에게 인기 짱이야.

남자 2 : 왜? 돈이 많아서 무엇이든 막 사주나?

남자 1 : 아니. 여자들이 그러는데 그 친구와 함께 있으면 시간 가는
줄 모른대. 얘기를 재미있게 한다고 하더라고.

남자 2 : 그래? 어떻게 말하기에 그러지?

똑같은 상황을 설명하는데 어떤 사람은 재미있게 흥미진진하게

말하는 사람이 있고, 어떤 사람은 무미건조하고 졸리게 말하는 사람이 있다. 그 차이점은 무엇일까? 말을 재미있고 흥미진진하게 해서 소통에 몰입하게 하는 방법의 하나가 언어유희를 활용하는 것이다. 언어유희란 발음이 비슷하거나 의미가 비슷한 단어를 이용해서 말을 재미있게 하는 것을 말한다.

"그거, 아재 개그 아닌가요?"

어떤 면에서 보면 아재 개그라 할 수 있다. 언어유희와 아재 개그는 한 끗 차이이기 때문이다.

"난 정말 너 보내기 싫어."

"그러면 가위 낼까?"

이게 아재 개그다. 재미있기는 한데 재미있다고 하기엔 어딘가 좀 그렇다. 말장난에 불과하기 때문이다. 유머라고 웃고 지나가기엔 그렇고 언어유희라고 인정하기에는 약간 자존심이 상하기도 하고 해서 분위기가 썰렁해진다.

그러나 이 문구를 보라. 운전하고 가는데 앞차에 이런 문구가 붙어 있었다.

"빵빵은 참아줘요. 배달할 게 빵빵해요."

이게 언어유희다. 썰렁한 말장난이 아니라 센스와 재치가 곁들여져 사람의 마음을 움직이게 하는 것이 감성 소통에서 말하는 언어유희이다.

언어유희에는 센스가 있다

아재 개그와 언어유희와의 갈림길은 센스에 있다. 센스가 들어있는 재치 있는 말을 언어유희라고 하고, 센스가 없이 그냥 말장난에 불과하면 아재 개그라고 한다. 아재 개그가 아니라 언어유희가 되게 하려면 말에 센스를 담아야 한다.

마음으로 통하는 센스가 담겨야 그 말이 재미있고 살아있는 말이 되는 것이다. 말에 센스를 담으면 이야기가 맛깔스러워진다. 무미건조한 이야기가 생기가 살아나고 마음은 움직이는 말로 살아난다.

한 목사님이 설교 시간에 성경 읽기를 강조하고 있었다. 신앙은 무조건 믿는 것이 아니다. 성경을 제대로 알고 믿어야 한다. 이렇게 성경 읽기를 강조하면서 그가 말했다.

"덮어놓고 믿으면 안 됩니다."

사람들의 반응이 덤덤했다. 무조건 믿으면 안 된다고 생각했기 때문이다. 그것은 이미 다 아는 사실 아니냐는 생각에서 반응이 별로였다. 이어서 목사님이 말했다.

"성경을 덮어놓고 믿으면 안 됩니다."

여기에서 웃음이 빵 터졌다. '아하, 그렇지!' 하는 반응이었다.

중의적 언어를 활용한 언어유희다. '덮어놓고'에는 두 가지의 의미가 있다. '무조건'이라는 의미와 '뚜껑을 덮다'라는 의미가 있다. '덮어놓고 믿으면 안 된다'라는 말 속에는 '무조건 믿으면 안 된다'라는 의미와 '성경책을 덮어놓고 무작정 믿으면 안 된다'라는 의미가 들어있다.

덮어놓고 믿지 말고 성경을 제대로 알고 믿어야 한다는 점을 센스 있게 말한 것이다. 말에 센스를 담으면 신선한 언어유희가 되고 소통에 생기를 불어넣게 된다.

20대 남녀 커플이 한 식당에 들어왔다. 자리에 앉은 여자의 시선에 벽에 걸려 있는 액자의 문구가 들어왔다.

塞翁之馬

여자가 물었다.

"오빠, 뒤에 있는 두 글자 '지마'는 알겠는데 앞에 두 글자는 뭐야?"

남자가 잠깐 뜸을 들이더니 이렇게 말했다.

"남기지마."

"정말? 정말로 '남기지마'라는 것이야?"

"아냐, 아냐. 농담이야."

"놀리지 말고, 진짜 뭐라고 읽는 건데?"

"새옹지마."

그러면서 둘은 핸드폰을 꺼내서 '새옹지마'에 대한 검색을 하는 것이었다.

(새옹지마 : 좋은 일이 있으면 나쁜 일도 있고, 재앙이 있으면 복도 있듯이 인생은 언제 어떻게 될지 알 수 없다는 뜻)

'새옹지마 = 남기지마'는 운율을 이용한 언어유희다. 언어유희가 진짜 힘을 발휘할 때는 타이밍이다. 적절한 순간에 적절한 표현이 사용되어야 언어유희가 제대로 먹힌다. 말장난과 아재 개그와의 사이에서 아슬아슬하게 줄타기하는 것이 언어유희라 했다. 어떤 타이밍에서 어떤 표현을 쓰느냐에 따라 말장난이냐, 아니면 언어유희냐가 결정된다. 그래서 언어유희를 타이밍 예술이라 한다.

동음이의어를 활용한다

언어유희 방법 중에 가장 많이 활용하는 방법이 '동음이의어'를 사용하는 것이다. 동음이의어란 어떤 단어가 소리만 같을 뿐 의미가 전혀 다른 것을 말한다. 예를 들면 '견'이라는 단어가 그렇다. 한자로 보면 '見'자는 '볼 견'이다. 그리고 '犬'자는 '개 견'이다. 발음은 같지만 뜻은 전혀 다르다.

"우리 마음에 절대 기르지 말아야 할 개가 두 마리 있다."

"그게 뭔데?"

"선입견, 편견."

"반대로 반드시 길러야 할 개가 한 마리 있다."

"?"

"백문이 불여일견."

'볼 견(見)'자를 '개 견(犬)'자로 활용한 언어유희이다.

언어유희를 활용하는 또 다른 방법은 발음이 비슷한 단어를 활용하는 것이다. 대표적인 것이 끝말잇기이다. '원숭이 엉덩이는 빨개, 빨간 것은 사과, 사과는 맛있어, 맛있는 건 바나나, 바나나는 길어'

결혼한 여성들이 가장 힘들어하는 날이 있다. 설날과 추석날이다. 명절날이라 하여 시댁에 가서 음식도 장만해야 하고 산더미처럼 쌓인 설거지도 하는 중노동을 해야 하기 때문이다. 설날과 추석과 같은 명절날은 불편하다. 특히 시댁은 불편하다. 시어머니 소리만 들어도 스트레스다.

"시댁의 '시'자만 들어가도 긴장돼."

"그래서 나는 '시'자로 들어가는 것은 먹지도 않잖아."

"그래?"

"시금치, 시래깃국은 아예 안 먹어"

"나도 그런데, 나는 시계도 안 차잖아. 대형마트의 시식 코너는 근처도 안 가."

언어유희 사용법

1 교체한다.

행복의 반대말은 <u>불행</u>이 아니라 <u>불만</u>이다.

2 연결한다.

사람에겐 세 가지 키가 있다.

<u>선키</u>, <u>앉은키</u>, 몇 살인지 따지는 <u>나이키</u>

3 분해한다.

이 한자를 보라. 土 '흙 토'라고 읽었는가?

그런데 어떤 사람은 <u>플러스(+)</u>, <u>마이너스(−)</u>로 읽는다.

4 동음이의어를 활용한다.

집은 <u>사는 것(buy)</u>이 아니라 <u>사는 것(live)</u>이다.

5 상식을 비튼다.

우리나라에는 4대 종교가 있다.

기독교, 천주교, 불교 그리고 <u>대학교</u>

상황에 따라 질문이 다르다
– 질문 활용

어떤 질문을 할 것인가?

소통은 일반적으로 듣기, 말하기, 질문하기로 이루어진다. 먼저 상대방의 말을 듣고, 상대방 말에 대한 내 의견을 말하고, 상대방 말에 대한 구체적인 의미를 파악하기 위해서 질문을 한다. 이것이 소통의 3요소다.

일반적으로 말을 잘하는 사람들은 많지만, 질문을 잘하는 사람은 많지 않다. 질문은 단순히 궁금증을 해결하는 도구가 아니다. 소통을 시작할 때, 소통 분위기를 띄울 때, 그리고 어떤 것을 결정해야 하는 결정적 순간 등에서 내가 하고자 하는 말을 강력하게 전달하는 도구로 사용하는 것이 질문이다.

하수는 궁금한 것을 해결하는 데 질문을 사용하고

고수는 사람 마음을 움직이는 데 질문을 사용한다.

궁금한 것을 해결하는 질문을 하느냐, 아니면 사람 마음을 움직이는 질문을 하느냐에 따라 하수냐, 고수로 갈리게 된다.

열린 질문을 한다

훌륭한 의사는 환자에게 질문을 함으로써 진료를 시작한다. 훌륭한 선생님은 학생에게 질문을 함으로써 이 학생을 어떻게 가르칠 것인가에 대한 방법을 찾아낸다. 소통할 때 닫힌 질문을 많이 사용하는가 아니면 열린 질문을 많이 하는가?

닫힌 질문을 많이 사용한다면 그 사람은 아마추어이다. 열린 질문을 많이 사용한다면 그 사람은 프로이다. 닫힌 질문은 답이 정해져 있는 질문이다. '예 또는 아니요'로 대답하게 하는 질문이 닫힌 질문이다.

"점심 식사했어요?"라고 물어보라. 그러면 답이 어떻게 나오는가?

"예 또는 아니요" 그리고 끝! 닫힌 질문이기 때문이다.

"잠은 잘 잤어요?"라고 질문해 보라.

"예 또는 아니요" 그리고 끝! 더 이상 대화가 이어지지 않는다. 닫힌 질문을 할 때 나타나는 현상이다. 반면에, 열린 질문은 정답이 없는 질문이다. 하나의 질문에 여러 개의 답이 나올 수 있는 질문이다.

"지난 주말에 어떻게 보내셨어요?"라는 질문을 받으면 "예 또는 아니요"로 대답하는가? 이 질문에는 다양한 대답이 나온다. 이게 열린 질문이다.

다음 질문은 닫힌 질문이다. 잘못된 아마추어의 질문이다.

사원 : 부장님, 주말 잘 보내셨습니까? (X)

부장 : 응!(그리고 대화는 끝)

이 닫힌 질문을 열린 질문으로 바꿔보자. 열린 질문으로 바꾸려면 어떻게 해야 할까?

사원 : 부장님, 주말 어떻게 보내셨습니까? (O)

부장 : 응! 가족이랑 여수로 1박 2일 여행 다녀왔어.

닫힌 질문을 열린 질문으로 바꾸는 방법은 간단하다. 육하원칙을 사용하는 것이다.

'누가, 언제, 어디서, 무엇을, 어떻게, 왜'라는 육하원칙 중 하나를 질문에 넣으면 닫힌 질문이 열린 질문으로 바뀌게 된다.

"내가 도와줄까?"(X)

"내가 무엇을 도와줄까?"(O)

참여질문을 한다

분위기를 띄우고자 할 때, 본격적으로 이야기를 해야 할 때는 참여 질문을 사용한다. 참여 질문은 서로 주거니 받거니 하면서 이야기를 풀어가는 방법이다. 상대방이 내가 하는 말에 집중하게 하고 적극적으로 따라오게 하고자 할 때 사용하는 질문이다.

한 강의장에서 분위기를 띄우기 위해서 이런 질문을 했다.

"체온계는 몇 도까지 있을까요? 맞추신 분에게 선물을 드리겠습니다."

여기저기에서 사람들이 손을 들고 대답했다.

"100도."

"땡! 틀렸습니다."

"72도."

"땡, 틀렸습니다."

뒷줄에 앉은 사람이 큰 소리로 '정답'이라고 외치면서 일어섰다.

"42도."

"딩동댕! 맞았습니다. 체온계는 42도까지 밖에 없습니다."

그러면서 준비한 작은 선물을 주었다. 그런 다음에 다시 질문을 했다.

"그럼, 체온계는 왜 42도까지 밖에 없을까요?"

정답은 42도 이상 열이 나면 사람은 죽기 때문이다. 정상적인 사람의 체온은 36.5도이다. 그런데 사람이 아프면 체온이 올라간다. 41도를 넘으면 혼수상태에 빠지게 되고 42도가 되면 사망하게 된다. 그래서 42도 이상은 표시할 필요가 없기 때문에 체온계는 42도까지 밖에 없는 것이다.

이렇게 주거니 받거니 하는 참여 질문은 상대방을 대화의 장으로 끌어낼 때 사용하면 효과 100배인 질문 방법이다.

참여 질문은 어떻게 만들까? 한 가지 방법은 퀴즈를 활용하는 것이다.

"기억의 반대말은 무엇일까요?"

"망각?"

"땡~ 틀렸습니다. 많은 사람들이 그렇게 대답합니다. 그게 바로 고정관념입니다."

"상상?"

"그럴 수도 있습니다."

퀴즈를 활용해서 주거니 받거니 하면서 내가 이야기하고자 하는 대화에 참여하게 한다.

양자택일 질문을 한다

양자택일 질문은 두 개 중에 하나를 선택하게 하는 질문이다. 상대방이 내가 원하는 대답을 하도록 선택 사항을 팍 좁혀주는 질문이다. 거절을 방지하고 선택하도록 유도하는 질문이다.

5세짜리 자녀를 둔 엄마를 만났다. 나는 이 엄마를 '자녀 교육 9단'의 엄마라고 한다. 자녀 교육에 있어 프로 중의 프로인 모습을 보았기 때문이다.

5세 아이가 양치질하지 않으려고 한다. 그러자 엄마가 이렇게 질문을 했다.

"곰돌이 칫솔로 양치할래? 아니면 토끼 칫솔로 양치할래?"

양자택일 질문법이다. 5세 아이가 뭐라고 했을까?

'토끼 칫솔'이라고 했다.

"곰돌이 칫솔로 양치할래? 아니면 토끼 칫솔로 양치할래?" 이 질문에는 '싫어'라는 거절 요소가 없다. 의도적으로 질문에서 이 요소를 빼버렸다. 양치질하는 것은 당연하단 것이라는 인식을 갖게 하고 있다. 아이에게 주어진 선택권은 둘 중의 하나뿐이다. 곰돌이냐? 토끼냐? 자연스럽게 토끼를 선택한 아이는 자발적으로 양치질을 하는 것이었다.

직장인들이 점심시간에 제일 많이 하는 질문이 있다.

"점심 뭐 먹을까?"

이보다 더 애매한 질문이 없다. 선택의 범위가 굉장히 넓다. 30분을 고민해도 뭘 먹을지 결정할 수 없을 것이다. 이럴 때 선택의 폭을 팍 좁혀주는 것이 좋다. 이렇게 말이다.

"점심, 파스타 먹을까? 피자 먹을까?"

선택의 폭이 팍 좁혀졌다. 대답은 파스타 아니면 피자 둘 중의 하나일 것이다.

말문을 열 때는 열린 질문으로,

분위기를 띄울 때는 참여 질문으로,

결정적인 순간에는 양자택일 질문으로

공감 소통 고수들은 소통을 시작할 때는 열린 질문을, 분위기를 띄울 때는 참여 질문을, 그리고 클로징 단계 즉, 결정해야 하는 중요한 순간에는 양자택일 질문을 사용한다. 클로징 단계에서는 선택 범위는 좁게, 말하고자 하는 의도는 분명하게 질문하는 것이 효과적이다. 그러면 결정이 빨라지기 때문이다.

공감 소통을 위한 질문 스킬

1 아이스 브레이킹 질문

어색한 분위기를 깨고 마음을 열게 한다.

"스카프가 너무 멋지세요. 어디서 사셨어요?"

2 호기심 유발 질문

상대방이 호기심을 갖게 한다.

"아직 알려지지 않은 비밀이 있는데, 그거 알고 계세요?"

3 쌍방향 소통 질문

주거니 받거니 소통이 뻥 뚫리게 한다.

"여수 여행 다녀오셨잖아요? 어디 어디가 좋았어요?"

4 내용 확인 질문

상대방 말의 의미를 확인하면서 소통의 맥락을 연결한다.

"그 말씀은 다른 사람들도 동의할 수 없었다는 말씀이지요?"

5 결정을 도와주는 질문

주저하거나 망설이는 상대방에게 쉽게 결정하게 한다.

"A, B 중 하나를 고른다면 무엇을 선택하시겠어요?"

유머는 T.P.O에 맞는 것이 좋다
- 유머 활용

T.P.O에 맞지 않는 유머는 독이다

소통을 부드럽게 해주고 막힌 대화도 시원하게 뚫어주는 것이 유머이다. 그러나 유머에는 동전의 양면성이 있다. 유머는 잘 사용하면 보약이 되고, 잘못 사용하면 독약이 된다. 특히 유머는 T.P.O에 따라 그 효과가 달라진다.

Time (때)

Place (장소)

Occasion (상황)

T.P.O에 맞지 않게 유머를 사용했다가 곤란한 상황에 처하게 되는

경우가 많다. 그 한 예를 소개한다. 10·29 이태원 참사가 있었을 때의 일이다. 핼러윈 축제를 즐기려 젊은이들이 이태원에 갔다가 159명이나 압사 사고를 당한 대형 사고가 일어났다. 온 국민이 경악하고 슬픔에 빠져있었다. 대통령은 국가 애도 기간으로 선포하고 날마다 합동 분향소를 찾아가 조문하던 시기였다.

국무총리가 이태원 참사와 관련한 외신기자 회견을 하고 있었다. 한 외신기자가 국무총리에게 질문을 했다.

"한국 정부 책임의 시작과 끝은 어디라고 생각하십니까?"

이태원 참사가 일어난 것에 대해 정부에서 한 사람도 사과하는 사람이 없음을 보고 외신기자가 이렇게 질문한 것인데 통역의 말이 방송 시스템의 잘못으로 잘 들리지 않았다. 사회자가 "기술적인 문제가 생긴 점 죄송합니다"라고 사과하자 총리가 웃으며 이렇게 말했다.

"이렇게 잘 안 들리게 만든 것에 책임져야 할 사람의 첫 번째와 마지막은 누구입니까?"

외신기자의 한국 정부 책임의 처음과 끝은 어디에 있느냐는 질문에 웃으며 이렇게 유머로 말한 것이었다. 그러나 그의 이런 유머에 비난 여론이 빗발쳤다.

"국민이 애도하는 기간에 그런 농담이 나오느냐?"

"총리가 공감 능력이 떨어지는 것이 아니냐" 등의 비난이 쇄도했다. 결국 총리는 사과할 수밖에 없었다. T.P.O에 맞지 않게 유머를 사용했다가 낭패를 당한 경우이다. 유머는 때(Time)와 장소(Place)와 상황(Occasion)에 맞게 사용해야 한다.

주제와 연관성이 있는 유머가 좋다

두 여성이 결혼생활에 관련된 이야기를 하고 있었다. 남편을 처음 만나게 된 이야기, 결혼하게 된 이야기, 친정집 이야기, 시댁 이야기 등을 하다가 자연스럽게 시어머니에 대한 이야기로 옮겨갔다. 시어머니의 아들 사랑, 시어머니가 며느리를 대하는 태도 등에 관한 이야기를 하다가 한 여성이 이런 말을 한다.

"요새 유행하는 말 중에 미친 여자의 최고봉이라고 있는데 그거 알아요?"

"그게 뭔데요?"

"며느리의 남편을 자기 아들이라고 착각하는 여자래요."

"그래, 맞다 맞아. ㅋㅋㅋ"

유머를 사용할 때는 대화 주제와 관련된 유머를 사용하는 것이 좋다. 그래야 대화가 매끄럽게 이어진다. 억지로 웃기려고 대화 주제와 상관이 없는 유머를 끌고 오면 대화의 맥이 끊길 뿐만 아니라 부작용이 따라온다. 서로 나누고 있는 대화 주제와 연관된 유머를 사용하면 대화가 매끄럽게 되고 몰입도가 깊어진다.

친구와 함께 나이에 관련된 이야기를 하고 있었다. 나이에 대해 이런저런 이야기를 하던 중에 친구가 불쑥 꺼낸 한마디가 이랬다.

"사람들은 나이가 들면 집을 두 채 짓는다."

"우와, 두 채나? 부자가 된다는 거야?"

"아니, 그 집이 아니고."

"그럼 뭔데?"

"고집과 아집."

"아~~"

유머를 활용해서 자연스럽게 다른 주제로 옮겨 간다

대화가 끊어졌을 경우, 대화가 어색할 경우, 다른 이야기로 바꾸고자 하는 경우 유머를 활용해 부드럽게 다른 주제로 옮겨간다. 유머로 자연스럽게 분위기를 바꾸기도 한다.

"길거리에 5천 원, 1만 원, 5만 원 지폐가 떨어져 있다. 무엇을 잡을까요?"

"5만 원 지폐요."(다들 그렇게 말한다.)

"땡! 다 주워요."

"그렇죠. ㅎㅎㅎ"

"사람의 욕심이 그래요."

　그러면서 자연스럽게 사람 마음 이야기로 옮겨간다. 마치 동영상에서 앞의 영상이 뒤에 따라오는 영상으로 자연스럽게 화면이 전환되는 것과 같다. 동영상을 보다 보면 두 개의 서로 다른 영상이 있으면 앞의 영상에서 뒤의 영상으로 넘어갈 때 화면이 튀게 된다. 그러면 시청자는 불편하게 느낀다. 어떻게 하면 시청자가 화면이 튀는 것을 느끼지 못하도록 자연스럽게 영상이 이어지도록 할까? 그때 활용하는 것이 화면 전환 프로그램이다. 앞의 영상과 뒤의 영상이 튀지 않도록 하고 시청자가 편안하게 영상을 보도록 하는 것이다.

　유머 활용이 그렇다. 공감 소통 고수는 어두운 분위기를 명랑한 분위기로 전환할 때, 부정적인 대화를 긍정적인 대화로 바꾸고자 할 때, 어색한 분위기를 친화력 있는 분위기로 전환할 때 유머라는 분위기 전환 프로그램을 활용한다. 유머를 활용해서 상대방이 불편하게 느끼지 않게 하면서 자연스럽게 소통 방향을 바꾸는 것이다.

유머 활용 5가지 포인트

1 긍정적인 유머가 좋다.

긍정이 긍정을 낳고 부정이 부정을 낳는다.

긍정적인 유머가 마음을 열게 한다.

2 짧은 유머가 좋다.

유머는 짧을수록 효과가 좋다.

긴 유머는 집중력을 떨어뜨린다.

3 질문형 유머가 좋다.

'사기꾼이 어떤 사람인지 아세요?'

'용기, 끈기, 슬기, 향기를 가진 꾼(전문가)이래요.'

4 주제와 연관된 유머가 좋다.

유머에 의미를 부여한다.

소통 주제와 연결되는 유머를 활용한다.

5 신선한 유머가 좋다.

맛있는 음식도 자주 먹으면 질린다.

재미있다고 반복해서 사용하지 않는다.

부드러운 언어가
소통을 부드럽게 한다
- 쿠션 언어

말에도 쿠션이 필요하다

딱딱한 의자나 소파에는 쿠션이 놓여있다. 쿠션은 솜, 스펀지와 같은 것을 넣어 푹신푹신하게 만든 것으로 딱딱한 것을 부드럽게 해주는 완충제이다. 의자나 소파에 앉을 때 이 쿠션이 있느냐 없느냐에 따라 편안함을 느끼느냐 불편함을 느끼느냐가 달라진다.

말에도 쿠션이 필요하다. 말에서 쿠션이란 상대방 감정을 부드럽게 해주기 위해서 마음을 마사지해 주는 것을 말한다. 딱딱하게 뭉친 근육을 손과 기구를 이용해서 부드럽게 풀어주는 마사지처럼, 쿠션 언어는 상대방의 마음이나 감정을 부드럽게 풀어준다.

식당에서 식사를 마치고 계산대로 갔다.

"3만 원입니다."

식당 주인이 이렇게 말했다. 대부분의 식당에서 듣는 말이다. 내가 계산해야 할 비용이 3만 원이라는 것이다. 그런데 뭔가 부족한 것 같다. 2%가 부족한 것처럼 밖으로 나타나지 않은 미묘한 감정이 생긴다. 마음을 부드럽게 마사지해주는 쿠션 화법이 없기 때문이다.

그런데 한 식당에 갔더니 계산하는 식당 사장이 이렇게 말했다.

"식사 맛있게 드셨어요? 3만 원입니다."

오호, 쿠션 화법이다. '식사 맛있게 드셨어요?'는 지갑에서 돈이 나가야 하는 사람의 불편한 마음을 부드럽게 마사지해 주는 쿠션 화법이다. 이 한마디가 있느냐 없느냐에 따라 내가 느끼는 감정은 하늘과 땅의 차이였다.

쿠션 화법은 '예령'이다

"미안하지만 군대 얘기 하나 하려 한다."

'미안하지만'이라는 말은 쿠션 화법이다. 남자의 경우에는 덜 하겠지만 여자의 경우에는 군대에 관한 이야기는 별로 좋아하지 않는 사람들이 많다. 군대 얘기를 좋아하지 않은 사람들에게 지금부터 군대 얘기하려고 하니까 마음 준비를 하라는 의미에서 '미안하지만'이라는 쿠션 화법을 덧붙였다.

군대 용어 중에 '구령'이라는 것이 있다. 군대에서 지휘자가 부대원들에게 일사불란하게 어떤 동작을 취하도록 할 때 사용하는 명령어를 구령이라고 한다. 예를 들면 '부대 차렷', '열중쉬어', '앞으로가'와 같은 것들이다. 이 구령은 예령과 본령으로 구성되어 있다. 예령은 미리 준비하라고 붙인 말이고 본령은 이렇게 움직이라고 내리는 핵심 명령이다.

'부대 차렷'이라는 구령을 보면 '차렷'이라는 명령을 내릴 것이니 미리 마음 준비를 하라는 의미에서 '부대'라는 예령을 붙였다. 마음 준비가 되어있지 않은 상태에서 갑자기 '차렷'하면 전체가 동시에 일사불란하게 움직일 수가 없다. 그래서 예령으로 '부대'라는 말을 덧붙인 것이다. 예령을 듣고 마음으로 미리 준비하고 있다가 본령이 떨어지면 모두가 동시에 움직이게 하기 위함이다.

쿠션 화법은 예령이다. 예고도 없이 훅 치고 들어오면 좋아하는 사람은 별로 없다. 마음 준비가 안 되어있는 상태에서 당황하기 때문이다. 그래서 마음으로 미리 준비할 수 있는 예령, 즉 쿠션 화법이 필요한 것이다. 중학교 2학년 아들에게 엄마가 이렇게 말했다.

"아들, 미안한데 엄마 부탁 하나 들어줄래?"

'미안한데'는 쿠션 화법이다. 사춘기 반항심이 강한 아들의 마음을 부드럽게 마사지해 주는 쿠션 화법이다. 예령도 없이 '엄마 부탁 하나 들어줄래?'라고 훅 치고 들어오면 반항심이 강한 아들의 입장에서는 엄마의 부탁을 '휑'하고 던져버릴 수 있을 것이다. 그런데 '미안한데'라는 예령으로 먼저 마음을 마사지해 주고 나서 부탁하니까 거절하지 않고 기꺼이 응해주는 것이다.

겸손하게 말하는 사람이 이긴다

'부드러움이 강함을 이긴다.' 이 말은 진리다. 특히 공감 소통에서는 이 말은 변하지 않는 진리다. 부드러운 말이 강한 말을 이기기 때문이다. 부드럽게 말하는 사람이 강하게 말하는 사람을 이긴다. '부드러움이 강함을 이긴다'의 다른 표현은 '겸손이 교만을 이긴다'라는 말이다. 겸손하게 말하는 사람이 교만하게 말하는 사람을 이긴다는 말이다.

한 대학병원의 외래 진료실에 갔었다. 외래 진료실에 문을 열고 들어서면 출입문 쪽에 의사의 진료를 도와주는 간호사 책상이 있고, 진료실 안쪽에 환자를 진료하는 의사의 책상이 있었다. 간호사가 사용하는 책상 위에 이런 문구가 붙어있었다.

공감, 5초면 가능합니다.

| 많이 힘드셨죠?
기다려 주셔서 감사합니다. | 오늘 고생 많으셨습니다.
조심히 가세요. |

공감 소통을 위해 '쿠션 화법을 사용하자'라는 캠페인 문구이다. 환자를 맞이할 때 '많이 힘드셨죠?', 그리고 환자를 배웅할 때 '오늘 고생 많으셨습니다'라는 쿠션 화법을 사용하라는 것이다. 쿠션 화법이 있느냐 없느냐에 따라 환자의 마음이 달라지기 때문이다.

쿠션 화법은 부드럽고 겸손하게 말하는 방법이다. 무뚝뚝하고 무례하게 말하는 것이 아니라 부드럽고 겸손하게 말함으로써 상대방의 기분을 좋게 하고 소통이 원활하게 이루어지게 하는 화법이다.

부드럽고 겸손하면서도 상대방의 기분을 좋게 해주는 쿠션 화법은 어떻게 하는 걸까? 그 방법은 내가 하고자 하는 말 앞에 다음과 같은 겸손함을 나타내는 한마디를 붙이면 된다.

죄송하지만,

실례지만,

번거로우시겠지만,

괜찮으시다면,

바쁘시겠지만,

어려우시겠지만,

대화 도중 상대방의 말을 제대로 알아듣지 못했다.

"다시 한번 말씀해 주시겠어요?"

이렇게 불쑥 질문하는 사람이 있다. 이 말에는 쿠션 화법이 없다. 경어를 써서 말하긴 했지만, 어딘가 모르게 마음이 편하지 못하다. 상대방의 마음을 마사지해 주는 쿠션 화법이 없기 때문이다.

이 말을 쿠션 화법으로 바꿔 말하면 어떻게 될까?

"죄송하지만, 제대로 듣지 못했어요. 다시 한번 말씀해 주시겠어요?" 말이 훨씬 부드러워졌다. 겸손하면서도 부드럽게 들린다. 그래서 상대방의 마음도 부드럽게 변하게 되는 것이다.

'아 다르고 어 다르다'라는 속담이 있다. 이 속담은 쿠션 화법을 두고 한 말인 것 같다. 같은 말이라도 어떻게 표현하느냐에 따라 상대방 감정이 달라진다는 것이다. 상대방이 듣기 좋게 부드럽고 겸손하게 표현하는 쿠션 화법을 활용해보라. 주문받을 때, 부탁할 때, 조언할 때, 거절할 때, 지시할 때 등의 상황에서 내가 하고자 하는 말 앞에 쿠션 역할을 하는 말들을 붙여서 사용해 보라. 긍정적인 상황일 때뿐만 아니라 부정적인 상황에서도 상대방이 달라지고 쉽게 공감하는 놀라운 기적을 경험하게 될 것이다.

쿠션 화법 3가지 원칙

1 한마디를 덧붙인다.

내가 하려는 말 앞에 쿠션 언어 한마디를 덧붙인다.

"무엇을 도와드릴까요?" (X)

"어서 오세요. 무엇을 도와드릴까요?" (O)

2 겸손하게 말한다.

부드럽고 겸손한 표현을 활용한다.

"주문하시겠습니까?" (X)

"기다리시게 해서 죄송합니다. 주문하시겠습니까?" (O)

3 청유형으로 말한다.

명령형이 아니라 청유형으로 말한다.

"도와줘." (X)

"바쁜데 미안해요. 좀 도와줄 수 있어요?" (O)

상대방이 듣고자 하는 말은 따로 있다
- 상대방 언어

내 중심 용어냐, 상대방 중심 용어냐?

내가 재수하고 있을 때다. 대학 입학에서 다 떨어졌다. 어느 곳에 서는 서류 전형에서 떨어졌고, 어느 곳에서는 필기시험에서 떨어졌고, 어느 곳에서는 최종 면접에서 떨어졌다. 떨어지고 떨어지고 다 떨어졌다. 어쩔 수 없이 재수할 수 밖에 없었다. 세월이 지나고 나이가 든 지금 생각해보면 재수라는 것이 아무것도 아니었는데 그때는 내 인생에서 가장 어두운 암흑기라고 생각했었다.

재수하고 있을 때 어머니가 내게 해준 이 한마디는 평생 잊지 못한다. 어머니가 돌아가신 지 오래되었음에도 그때 어머니가 나에게 하셨던 이 한마디는 아직도 내 마음속에 생생하게 살아있다.

하루는 밤늦게까지 내 방에서 공부하고 있는데 어머니가 과일을 들고 내 방을 노크했다. 어머니가 방문을 열었을 때 볼펜이 책상에서 떨어져 방바닥에 뒹굴고 있었던 것 같다. 어머니가 땅에 떨어져 있는 볼펜을 주워주면서 이렇게 말씀하셨다.

"볼펜이 땅에 붙었구나."

'떨어졌다'는 말에 스트레스를 받는 아들을 생각해서 '붙었구나'라는 말로 바꿔 말한 것이다. 나는 지금도 '떨어졌다'는 말에는 트라우마가 있다. '떨어졌다'는 말만 들어도 소스라치게 놀란다. 남들이 보기에는 '지나치다'라고 생각할 만큼 과민하게 반응한다.

바닥에 떨어진 볼펜을 주워주면서 '볼펜이 땅에 떨어졌다'라고 말하는 것은 엄마 입장의 말이다. 엄마의 시각에서 보면 땅에 떨어져 있는 것을 '떨어졌다'라고 말하는 것이 무엇이 문제인가? 그러나 재수하는 아들은 '떨어졌다'는 말만 들어도 스트레스다. 아들이 듣고자하는 말은 '떨어졌다'는 말이 아니다. '붙었다'라는 말이 아들이 정말 듣고 싶어 하는 말이다. 그래서 엄마는 말을 바꿔서 말했다. 엄마 입장에서의 '떨어졌다'는 말이 아니라 아들의 입장에서의 '붙었다'는 말로 바꿔서 말한 것이다. 이 한마디가 오랜 세월이 지난 지금까지도 내 마음속에 어머니에 대한 그리움으로 살아있는 것이다.

정리하면 '떨어졌다'는 말은 엄마의 말, '붙었다'는 말은 아들의 말이다. 공감 소통을 위해서는 내 입장의 말이 아니라 상대방 입장의 말로 해야 한다. 내가 하고자 하는 말이 아니라 상대방이 듣고자 하는 말로 해야 한다.

쉬운 용어를 사용한다

부동산 상담을 하러 부동산 중개소에 갔다. 부동산 중개사가 상담 도중에 이런 말들을 섞어서 질문을 했다.

"사장님은 임사이신가요?"

"주담대를 끼고 사실 거예요?"

"이 아파트는 초품아예요."

"이 아파트는 대장이에요."

무슨 말인지 알겠는가? 내 입에서 '예? 예?'하는 소리만 나왔다. 도대체 뭔 말이여? 한국 사람이 한국말로 이야기하는데 도대체 무슨 말인지 하나도 알아들을 수가 없었다. 다음부터 부동산 상담을 하려면 통역사와 같이 다녀야 하느냐는 생각이 들었을 정도다. 나처럼 부동산 중개사의 말이 무슨 뜻인지 이해하지 못하는 사람이 있을 것 같아 다음과 같이 번역해 본다.

"사장님은 임사(주택임대사업자)이신가요?"

"주담대(주택담보대출)를 끼고 사실 거예요?"

"이 아파트는 초품아(초등학교를 품은 아파트)예요."

"이 아파트는 대장(가격의 상승과 거래를 주도하는 아파트)이에요."

소통할 때 말을 간단하게 줄인 줄임말을 사용하거나 자기만 아는 은어를 사용하는 사람이 있다. 자기는 그 분야의 전문가이고 전후 상

212

황을 잘 알고 있으니까 말을 줄여서 하는 것이겠지만 상대방은 그가 하는 말이 무슨 뜻인지 이해하지 못하는 경우가 많다. 상대방이 알아들을 수 있는 말로 해야 한다.

예컨대 초등학생과 소통할 때는 초등학생이 알아들을 수 있는 말로 해야 하고, 한국말이 서툰 외국인과 말할 때는 그들이 잘 알아들을 수 있는 쉬운 말로 해야 한다. 내가 일상적으로 쓰는 말이라 할지라도 상대방에 따라 쉬운 언어, 쉽게 풀어서 설명해주어야 제대로 소통할 수 있다.

기억하라. '어려운 말에 귀를 닫고 쉬운 말에 귀를 연다'라고 했다.

상대방 중심 언어로 말할 때는 '3E 기법'을 잊지 말아야 한다.

1. Easy : 알아들을 수 있는 쉬운 단어를 사용한다. 많이 배웠다고 해서 중간중간에 영어를 섞어서 쓰는 사람이 있다. 전문가라고 해서 전문용어를 사용하는 사람이 있다. 본인은 불편함을 느끼지 못할지는 모르나 상대방에게는 소통에 방해가 될 수 있다.

2. Explain : 풀어서 설명한다. '웹미나'라고 말하기보다는 '웹(web) 세미나(seminar)'라고 풀어서 설명해주면 상대방은 쉽게 이해하게 된다. 소통에 막힘이 없게 된다.

3. Example : 예를 들어서 설명한다. 상대방이 알아들을 수 있는 간단한 예를 들어 설명해주면 소통이 쉬워진다. '비타민 C는 면역력을 높여주는 비타민인데, 딸기, 고추, 피망, 양배추, 감자 등

에 많이 들어있다.' 이런 식으로 예를 들어 설명할 수 있다.

상대방 언어로 말한다

68세 어머니의 생일날에 있었던 일이다. 초등학교 교사를 정년퇴직한 어머니는 취미로 그림 그리는 일에 빠져있었다. 호텔에서 일하고 있는 딸이 엄마의 생일을 기념하여 가족과 함께 자신이 일하고 있는 호텔의 유명 레스토랑으로 안내했다. 음식이 나왔을 때 특이한 메뉴가 하나 있었다. 보기에는 샐러드인 것 같은데 어떻게 먹어야 하는지 모르겠다. 그때 딸이 물었다.

딸 : 엄마, 이것은 어떻게 드시는 건지 아세요?

엄마 : 글쎄, 그냥 섞어서 먹으면 되는 것 아냐?

딸 : 맞아요. 그림 그리실 때 물감을 섞듯이 잘 섞으시면 돼요.

그림을 그리는 엄마의 특성을 고려하여 그림과 관련된 용어를 선택해서 설명하고 있다. 쉽게 가슴에 와닿는다. 쉽게 공감이 된다. 이게 상대방 언어로 말하는 방법이다. 경상도 사람과 말할 때는 경상도 방언으로, 충청도 사람과 말할 때는 충청도 방언으로, 초등학생과 말할 때는 초등학생 언어로 사용하는 것이 상대방 중심으로 말하는 방법이다. 그렇다고 해서 경상도 사람과 이야기하려면 경상도 방언을 배워야 한다는 말이 아니다. 상대방이 알아듣기 쉬운 말, 상대방이 공감하기 쉬운 말로 하는 것이 좋다는 말이다.

한 남자가 친구로 보이는 남자에게 씩씩대면서 열을 내고 있었다.

남자 1 : 아, 나 참~ 뭐 이런 사람이 다 있어?

남자 2 : 아니, 얼굴이 왜 그래? 무슨 일 있었어?

억울한 일을 당한 남자가 친구에게 자신이 겪은 황당한 일을 입에 거품을 물면서 털어놓았다.

남자 2 : 그런 나쁜 XX, 가만히 뒀어? 나 같으면 죽도록 패주었겠네.

상대방이 억울한 일을 당해서 울분을 토할 때 "아니, 그런 나쁜 놈이 있어. 개XX, 나 같으면 죽도록 패주었겠네"라는 식으로 상대방이 차마 입에 담지 못하는 욕을 내가 대신해주고 있었다. 이것도 상대방 용어로 말하는 한 방법이다. 상대방이 하지 못하는 말을 내가 대신해 주는 것이다.

상대방 언어로 말하는 방법

1 상대방 눈높이에 맞는 언어를 사용한다.

"사장님은 임사이신가요?" (X)

"사장님은 주택임대사업자이신가요?" (O)

2 외국어, 전문용어는 사용하지 않는다.

"오늘 파티는 완전히 컴퍼티션이었어." (X)

"오늘 파티는 완전히 경쟁이었어." (O)

3 상대방이 차마 꺼내지 못하는 언어를 대신 사용해준다.

"그놈은 나쁜 XX야, 친구도 아니야. 어찌 그럴 수가 있어."

머릿속에 그림을 그려준다
- 입체적인 설명

말로 그림을 그려주라고?

컴퓨터로 문서 작업을 하다가 막혔다. 다음 단계로 넘어갈 수가 없어서 친구에게 전화했다. 상황을 설명하고 해결 방법을 물었는데 친구는 내가 하는 말을 이해하지 못했다. 한참을 설명해도 무엇이 문제인지 알아듣지를 못했다. 답답해하던 친구가 말했다.

"그거 핸드폰으로 찍어서 보내줘 봐."

문제의 컴퓨터 화면을 찍어서 친구 핸드폰으로 보냈다.

"아~ 이거. 아무것도 아냐."

내가 보내준 사진을 보면서 친구가 해결 방법을 설명해주었고 문제는 간단하게 해결되었다.

소통이 제대로 되지 않으면 답답하다. 내가 하는 말을 상대방이 알아듣지 못할 때 정말 답답하다. 말하는 사람이나 듣는 사람이나 둘 다 답답하기는 마찬가지다. 그런데 그림으로 보여주면 간단하게 해결된다.

말도 그림을 보여주듯이 할 수는 없을까? 방법이 있다. 입체적으로 설명해주면 된다. 입체적으로 설명하라고? 그걸 어떻게? 소통을 못하는 사람과 소통을 잘하는 사람을 비교해보면 설명하는 차원이 다르다.

소통을 못하는 사람은 평면적으로 설명하고
소통을 잘하는 사람은 입체적으로 설명한다.

소통하는 방법에서 바라보면 세 종류의 사람이 있다. '삼계탕으로 유명한 식당'에 대해 서로 소통하는 경우를 보자. 먼저 1차원적으로 설명하는 사람의 경우다.

'삼계탕집이 있다' 그리고 끝. 무엇을 말하려고 하는지 모르겠다. 주어 동사 다 빼버리고 목적어 하나만 말하고 있다. 마치 그림을 그릴 때 백지에 점 하나 찍어 놓고 작품이 완성되었다고 우기는 사람과 같다. 이걸 어떻게 이해하라는 건가?

'아, 그 집 있잖아. 그 삼계탕집, 그 집 몰라? 아이 답답해 죽겠네'라고 우긴다. 소통이 안 된다. 말하는 본인도 답답하고 듣고 있는 상대방도 답답하다.

두 번째는 2차원적으로 설명하는 사람이다. 평면적으로 설명하는 사람이다. 삼각형, 사각형, 오각형으로 설명하는 사람이다. 그림으로 친다면 평면도를 보는 것과 같다. 대충의 윤곽을 알겠는데 가슴에 확 와닿지 않는다.

"서울에서 유명한 삼계탕집이 있다. 점심시간이 되면 사람들이 줄을 서서 기다리는 집" 그리고 끝. 구체적으로 어떤 식당을 설명하는지 모르겠다. 자신은 그 식당을 다녀온 경험이 있고, 많은 정보를 가지고 있어 익히 잘 알고 있는 식당이지만 그 식당에 대한 정보가 없는 상대방은 쉽게 이해가 되지 않는다. 정보의 부조화 때문이다.

"아니, 이렇게 설명해줘도 몰라? 척하면 알아들어야지"라고 하면서 상대방에게 핀잔을 준다. 그러다 감정이 욱해지면 다투기까지 한다.

세 번째는 3차원적으로 설명하는 사람이다. 입체적으로 설명하는 사람이다. 점이 모여 선을 이루고 선이 모여 면을 만들고 면이 모여 입체를 만든다. 그림으로 친다면 입체화를 보는 것과 같다.

"서울에는 유명한 삼계탕이 두 집이 있어. 하나는 서대문에 있는 고려삼계탕이고, 다른 하나는 통의동의 청와대 앞에 있는 토속촌이라는 곳이야. 내가 말하려는 집은 청와대 앞에 있는 토속촌인데, 주말에는 이 집 앞에 줄 서서 기다리는 사람들이 장사진을 이루고 있지. 중국 관광객, 일본 관광객들이 꼬불꼬불 골목길을 돌고 돌아

100m도 넘게 줄을 서고 있더라고."

"아하, 그 집! 노무현 대통령이 자주 들렀었다는 삼계탕집, 나도 그 식당에 대한 이야기 많이 들었어."

상대방이 금방 이해하고 공감한다. 입체적으로 설명해주었기 때문이다. 상대방이 알아듣기 쉽게 비유와 의성어, 의태어를 곁들여서 입체적으로 설명해주었기 때문이다.

그림이 그려지는 비유를 활용한다

입체적으로 설명하는 방법 중의 하나가 비유를 활용하는 것이다. 비유를 활용하면 평면적인 생각을 입체적으로 설명할 수 있게 되고 상대방은 쉽게 공감하게 된다. 그림이 그려지는 비유를 활용해서 설명하면 그림을 보듯이 쉽게 이해가 되기 때문이다.

기준금리를 올릴 것이냐, 내릴 것이냐에 대한 논쟁이 뜨거울 때 있었던 일이다. 기준금리를 올리면 대출금리가 따라올라 서민들의 곡소리가 들리고, 기준금리를 내리면 미국의 금리 인상으로 금리 격차가 커지기 때문에 달러가 빠져나가 금융 불안정이 생길 수 있게 되고 이래저래 난처한 상황이었다. 한국은행 총재가 금리 인상을 유보했다. 기준금리를 올리지 않고 당분간 상황을 지켜보겠다는 것이다. 한국은행 총재는 기준금리 동결 이유를 이렇게 설명했다.

"자동차를 운전하는데 안개가 가득해서 방향을 모른다면 어떻게 해야 하나? 차를 세우고 안개가 좀 사라질 때까지 지켜봐야 하지 않는가?"

불투명한 미래를 안개에 비유해서 설명했다. 지금 상황이 짙은 안개가 끼어 있어 5m 앞도 볼 수가 없다. 이런 경우 운전하는 사람들은 어떻게 해야 하는지 다 안다. 한 치 앞도 볼 수 없을 정도로 안개가 끼어 있으면 차를 멈추고 잠시 기다려야 한다. 안개가 어느 정도 걷히면 그때 갈지 말지를 결정하는 것이다.

답변이 명확해졌다. 30m 앞도 안 보일 정도로 짙은 안개 때문에 운전할 때 고생했던 상황이 눈앞에 선명하게 그려진다. 질문에 대한 대답이 단순하면서도 쉽게 이해된다.

평면적인 생각을 입체적으로 설명해주면 쉽게 공감하게 된다. 그림이 그려지는 비유를 활용해서 설명하면 그림을 보듯이 쉽게 이해하게 된다.

의성어, 의태어를 활용한다

입체적으로 설명하는 또 다른 방법들 중의 하나가 의성어, 의태어를 활용하는 것이다. 의성어, 의태어가 더해지면 평면적인 생각이 그림을 보는 것과 같이 입체적으로 바뀌게 되고, 상대방은 쉽게 이해하거나 공감하게 된다.

두 사람이 어제 다녀온 식당에 관해 설명하고 있었다. 그런데 듣는 사람들의 반응이 극명하게 갈렸다.

첫 번째 친구가 어제 다녀온 식당에 관해 설명했다.

"김치찌개가 참 맛있었어. 그 집 김치찌개는 정말 일품이더라. 가격도 저렴해서 좋았지."

사람들의 반응이 별로였다. 반응도 없었을뿐더러 그의 얘기에 대한 공감도 없었다. 무미건조하게 사실만 나열했기 때문이었다.

다른 친구가 그 식당에 관해 설명했다.

"얼리지 않은 생고기를 숭덩숭덩 썰어 넣고 찌개가 보글보글 끓는데 사람들이 못 참겠다는 듯 너도나도 찌개 국물을 한 숟가락 입에 떠 넣더니 여기서도 척, 저기서도 척, 엄지손가락을 척척 들었어.

야~, 김치찌개는 서울에서 최고의 집이었지. 내가 다녀 본 식당 중에서 가성비 최고의 맛집이었어."

상황이 180도 달라졌다. 사람들이 귀를 쫑긋하고 들을 뿐만 아니라 '거기가 어디야?', '나도 한번 가봐야겠다'라고 하면서 음식점 상호를 알려달라고 했다.

무엇이 이들의 설명에 이렇게 극과 극의 반응이 일어나게 했을까? 의성어와 의태어가 있느냐 없느냐의 차이다. 첫 번째 친구의 설명에는 의성어, 의태어가 없다. 말에 맛이 없다. 무덤덤하고 무미건조한 설명이었다. 그러나 다른 친구의 설명을 보라. 그의 설명 속에 '숭덩

숭덩, 보글보글, 엄지척, 야~, 가성비 최고' 등의 의성어, 의태어가 가미되어 있다. 감이 팍 온다. 그 식당에서 김치찌개의 상황이 그림을 보는 것과 같이 쉽게 이해가 된다. 이것이 사람들이 그의 이야기에 군침을 흘리게 만든 것이었다. 의성어, 의태어가 더해지면 그림을 보는 것과 같이 입체적으로 바뀌게 된다.

입체적으로 설명하는 방법

1 말로 그림을 그려준다.

"우리 집 근처에 돈가스 맛집이 있다." (X)

그림이 그려지지 않는다.

"우리 집 근처 먹자골목에 들어서면 '바사삭'이라는 돈가스 맛집이 있다." (O)

마음속에 그림이 그려진다.

2 그림이 그려지는 비유를 활용한다.

"초기에는 일이 좀 많아요."

"왜요?"

"신축 아파트 입주했을 때와 똑같아요. 신축 아파트 입주하면 처음에는 하자 보수가 많잖아요."

3 의성어, 의태어를 활용한다.

"허겁지겁 밥을 먹는 아이의 얼굴에 밥풀이 더덕더덕 붙어있었어요."

"냄비에 김치찌개가 보글보글 끓고 있는데 침이 꼴깍, 아~ 못 참겠데요."

4장

공감 소통

실전 연습하기

공감 소통 기본 스킬을

실전에서는 어떻게 활용하는가?

연습하고 또 연습한다.

공감 소통에는 프로세스가 있다
—3·3·3 프로세스

상황 : TV 드라마의 한 장면

TV 드라마의 한 장면을 소개한다. 30대 초반의 젊은 여성이 점쟁이를 찾아왔다. 점 보러 들어오는 젊은 여성을 보자마자 대뜸 호통부터 친다.

점쟁이 : 왜 왔어?

여성 : (기어들어가는 목소리로) 남편 사업이 잘 안되어서요?

점쟁이 : (혀를 끌끌끌 차며) 아슬~아슬~하다.

젊은 여성의 표정이 굳어졌다. '헉, 이게 무슨 소리야. 무슨 불길한 일이라도 있단 말인가?'라는 표정이다.

점쟁이 : 너, 어릴 때 살던 집에 대추나무 있었지?

젊은 여성이 소스라치게 놀란다. '어떻게 알았지? 정말 소문대로 용한 점쟁이인가 보다'라고 생각하는 것 같다.

여성 : 예, 어릴 때 살던 고향 집에 대추나무 있었어요.
점쟁이 : 그때부터 네 문제는 시작됐어.

이 여성이 안고 있는 지금의 문제가 어릴 때부터 시작되었다는 것이다. 점쟁이는 속사포로 질문을 이어간다.

점쟁이 : 너, 최근에 해외여행 갔다 온 적 있지?
여성 : 예, 지난달에 가족들과 함께 동남아 여행을 다녀왔는데요.
점쟁이 : (땅이 꺼질 듯이 깊은 한숨을 내뱉으며) 그래서 네 얼굴에 그렇게
　　　주렁주렁 달고 왔구면.

해외여행을 다녀오면서 무엇인가 안 좋은 것들을 얼굴에 달고 왔다는 것이다. 여성이 떨리는 목소리로 점쟁이에게 물었다.

여성 : 그러면 어떻게 해야 해요?
점쟁이 : (심각한 표정과 함께 착 가라앉은 무거운 목소리로) 잘 들어. 지금부

터는 내가 시키는 대로 해야 해. 그렇지 않으면 넌 죽어.

그러면서 자기가 준비해 놓은 상품들을 하나둘 꺼내놓기 시작했다.

점쟁이의 목적은 점을 보러온 사람의 돈을 최대한 끌어내고자 하는 것에 있을 것이다. 그러기 위해서 그는 고도로 계산된 '3·3·3 프로세스'를 활용하고 있었다. 3초 전략으로 점을 보러온 고객의 관심을 잡고, 30초 전략으로 그의 관심을 극대화한 후 마지막 3분 전략으로 자기가 팔고자 하는 상품을 제시하고 있다. 나는 이것을 '3·3·3 프로세스'라고 한다.

● 공감 소통 3·3·3 프로세스 ─────────────

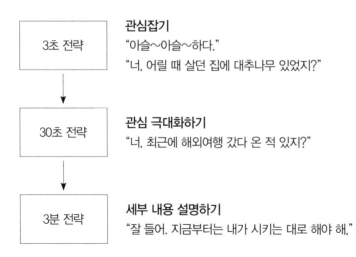

3초 전략	**관심잡기** "아슬~아슬~하다." "너, 어릴 때 살던 집에 대추나무 있었지?"
30초 전략	**관심 극대화하기** "너, 최근에 해외여행 갔다 온 적 있지?"
3분 전략	**세부 내용 설명하기** "잘 들어. 지금부터는 내가 시키는 대로 해야 해,"

어떻게 하면 '3·3·3 프로세스'를 쉽게 설명할 수 있을까? 이를 고민하고 있던 차에 TV 드라마에서 점쟁이가 고객을 대하는 장면이 눈에 들어왔다. 그래서 점쟁이의 사례를 여기에 잠시 빌려온 것이다. 혹자는 '뭐야, 이거. 점쟁이처럼 자기 목적만을 위한 이기적인 상담 기법을 사용하라는 거야?'라고 생각할지 모르겠다. 그러나 오해하지 마시라. 점쟁이의 상담 방법을 예로 들어 '3·3·3 프로세스'를 설명하고자 하는 것일 뿐이다.

'3·3·3 프로세스'가 필요하다

공감 소통에서는 3단계 프로세스를 전략적으로 활용할 필요가 있다. 다짜고짜 상대방을 설득하겠다고 덤비는 것이 아니라 상대방이 공감하게 함으로써 상대방의 생각이 변하게 하고 자발적으로 행동할 수 있도록 하기 위해 3단계 프로세스로 접근하는 것이다.

1단계 : 3초 전략(관심잡기)

상대방의 호기심을 자극하는 첫 마디로 관심을 집중시킨다.

점쟁이의 3초 전략을 보라. 점을 보러 들어오는 젊은 여성을 보고 점쟁이가 질문을 했다. "너, 어릴 때 살던 집에 대추나무 있었지?"라고 물었다. 이런 경우 고객의 반응은 두 가지일 것이다. 첫 번째 경우는 정말로 어릴 때 살던 집 앞 마당에 대추나무가 있었다. 그런 사람의 경우 '헉, 어떻게 알았지? 정말 소문대로 용한 점쟁이인가 봐?'라고 생각한다. 그러면서 "예, 어릴 때 살던 집에 대추나무가 있었어요"라고 대답한다. 그러면 점쟁이는 '그때부터 지금의 네 문제는 시작됐어'라고 한다. 지금의 문제가 어릴 때부터 시작되었다는 것이다.

그러나 두 번째 경우는 어릴 때 살던 집에 대추나무가 없었다. 그런 사람은 "아니요, 저는 아파트에서 살았는데요"라고 대답할 것이다. 그러면 점쟁이가 뭐라고 할까? "다행인 줄 알아. 그렇지 않았으면 넌 이미 죽었어"라고 할 것이다.

상대방의 관심을 끌려고 첫마디를 미리 준비한 것이다. 상대방이 어떤 대답을 하느냐에 따라 자기가 할 수 있는 말들도 미리 생각하고 첫마디를 던졌다.

3초 전략은 트리거 전략이다.

방아쇠를 당기면 일련의 촉발 작용이 발동하여 최종적으로 총알이 발사되는 것처럼, 3초 전략으로 상대방의 관심을 잡은 후 내가 말하고자 하는 내용에 상대방이 관심을 가지고 따라오게 하는 트리거 역할을 하는 것이 3초 전략이다.

상식을 비튼 첫마디를 만든다.

상식적인 말에는 관심이 없다. 그러나 상식을 살짝 비틀면 관심이 달라진다.

"오스트리아에는 캥거루가 살지 않습니다."

세계 와인 박람회에서 오스트리아 와인 부스에 이르렀을 때 내가 들은 첫마디가 이랬다. '뭔 소리여? 캥거루 하면 오스트레일리아 아닌가?', '와인하고 캥거루가 무슨 연관성이 있지?'라고 내 머릿속에 물음표(?)가 그려지는데 그가 이어서 하는 말이 '오스트리아는 오스트레일리아가 아닙니다(Austria is not Australia)'라고 했다.

만약 그가 '오스트리아는 오스트레일리아가 아닙니다'라는 말로 이야기를 시작했더라면 어떠했을까? 그의 말에 관심을 두는 사람은 별로 없었을 것이다. 누구나 다 알고 있는 상식적인 말이기 때문이다. 그런데 그는 첫 마디를 상식을 뒤집은 말로 시작했다. 오스트리아와 캥거루를 연결한 말로 시작했다. '캥거루 = 오스트레일리아'로 알고 있는 사람들의 상식에 허를 찌른 것이다. 그의 첫마디에 호기심을 갖게 되었고 그래서 그의 이야기를 따라 가게 되었다.

2단계 : 30초 전략(관심 극대화하기)

상대방의 관심을 집중시키는 참여 질문을 활용한다.

점쟁이의 30초 전략으로 "너 최근에 해외여행 다녀온 적 있지?"라는 질문을 던졌다. 이 질문에 해외여행을 다녀온 사람의 경우, "예, 지난달에 가족들과 함께 동남아 여행을 갔다 왔는데요"라고 대답한다. 그러면 점쟁이는 깊은 한숨을 내뱉으며, "그래서 얼굴에 그렇게 주렁주렁 달고 왔구먼"이라고 한다. 해외여행을 다녀오면서 안 좋은 무엇인가를 얼굴에 달고 왔다는 것이다.

그러나 해외여행을 가지 않았던 사람은 "아니요, 해외에 갔다 온 적 없는데요"라고 대답할 것이다. 그러면 점쟁이는 이렇게 말한다. "잠시 떠나야 해. 네 얼굴에 주렁주렁 달린 그것, 해외에 나가서 다 털고 와야 해"라고 한다. 나에게 있는 안 좋은 것들을 해외에 나가서 다 제거해야 한다는 것이다.

3초 전략으로 상대방의 관심을 잡았으면 곧바로 본론으로 들어가면 안 된다. 상대방의 관심을 극대화하는 작업이 필요하다. 3초 전략으로 상대방이 '어?'하는 관심을 잡았으면 다음 단계가 자기의 의도대로 좀 더 끌고 가는 전략, 즉 '관심 극대화 전략'이 필요하다. 상대방이 고민하는 것, 풀어야 할 문제 등에 관한 관심을 극대화해서 그 해결 방법에 대한 궁금증을 갖게 해야 한다.

참여 질문을 활용한다.

참여 질문은 서로 주거니 받거니 하면서 소통하는 방법이다. 상대방이 내가 하는 말에 집중하게 하고 적극적으로 따라오게 하고자 할 때 사용하는 질문 방법이다.

양자택일 질문을 활용하는 것도 좋다. 두 가지 중에 하나를 선택하게 함으로써 적극적인 참여를 유도할 수 있다. 또는 퀴즈식 질문을 사용한다. 퀴즈에 대한 정답을 찾게 함으로써 내가 말하고자 하는 것을 적극적으로 따라오게 한다.

비유를 활용한다.

상대방의 관심을 극대화하는 방법으로 비유를 활용하기도 한다. 비유는 상대방의 호기심을 자극하고 상대방의 생각이 깨어나게 한다. 내가 전하고자 하는 말의 깊이와 임팩트를 강하게 느끼도록 한다.

3단계 : 3분 전략(세부 내용 설명하기)

문제 해결을 위한 구체적인 방법을 설명한다.

점쟁이의 상담이 클라이맥스에 접어들었다. 점을 보는 사람은 자기 얼굴에 무엇인가 안 좋은 것들이 주렁주렁 달려있다는 말에 긴장되고 불안한 기색으로 점쟁이에게 묻는다. "그러면 어떻게 해야 해요?" 이 말이 떨어지자마자 점쟁이는 심각한 표정으로 "잘 들어. 지금부터는 내가 시키는 대로 해야 해"라고 말한다. 그리고 자기가 준비한 상품들을 하나둘씩 꺼내놓기 시작했다.

점쟁이의 3분 전략이다. 찾아온 사람의 문제를 해결하기 위한 구체적인 방법을 설명하는 단계이다. 이 단계를 위해서 3초 전략으로 점을 보러 들어오는 사람의 관심을 잡는 한마디를 던졌고, 30초 전략으로 그의 관심을 극대화했다. 그리고 마지막 3분 전략으로 문제 해결 방법을 제시하는 방법으로 자기의 목적을 완성한 것이다.

세 가지로 압축해서 설명한다.

상대방의 관심이 극대화되면 자연스럽게 그 해결 방법을 찾고자 한다. 그 해결 방법을 구체적으로 설명하는 단계가 3분 전략이다. 사람들은 장황하게 설명하는 것을 싫어한다. 아니 장황하게 설명하면 집중력이 떨어진다. 그래서 세부 내용은 3가지로 압축해서 3분 이내로 설명하는 것이 좋다.

숫자를 활용한다.

추상적으로 말하면 공감력이 떨어진다. 추상적인 말로 장황하게 설명하는 것이 아니라 숫자 하나로 명확하게 설명하는 것이 좋다. 숫자는 호기심을 갖게 하고 집중력을 강하게 해서 쉽게 공감하게 한다.

언어유희를 활용한다.

설명은 재미있어야 한다. 밋밋하고 건조하게 설명하면 상대방의 집중력이 흐트러진다. 상대방이 집중해서 따라오도록 언어유희를 활용하는 것이 좋다. '엉금엉금'과 같은 의태어를 사용하거나, '사각사각'과 같은 의성어 등을 활용해서 재미있고 생동감 있게 설명하는 것이 좋다.

'인생은 속도가 아니라 방향이다'라는 주제로 3분 스피치를 하고 있다.

내가 말해야 할 차례다.

내 생각을 상대방이 쉽게 공감할 수 있도록

'3·3·3 프로세스'를 활용해서 말하고자 한다.

어떻게 말해야 할까?

1 3초 전략

상대방의 호기심을 자극하는 첫마디

2 30초 전략

상대방의 관심을 극대화하기

3 3분 전략

세부 내용 설명

핵심 내용을 3가지로 압축한다
– 세부 내용 설명 ABC 전략

상황 : 다이어트 성공 비밀

오랜만에 지인을 만났다. 6개월이 넘어 만났더니 얼굴은 갸름해지고 두꺼비처럼 나왔던 배는 홀쭉해져 있었다.

필자 : 와~ 날씬해지셨네요?

지인 : 네, 다이어트 좀 했어요.

필자 : 살이 많이 빠지신 것 같은데요?

지인 : 네, 6개월에 20kg 감량했어요.

필자 : 축하합니다. 다이어트 성공 비결이 뭐예요?

지인 : 세 가지로 설명할 수 있을 것 같아요.

필자 : 그래요? 첫 번째 비결은요?

지인 : 인풋 아웃풋(input, output)이죠.

인풋이란 입으로 들어가는 것, 즉 식사량이다. 아웃풋이란 몸으로 배출하는 것, 즉 운동량이다. 다이어트에 성공하려면 식사량과 운동량, 이 두 가지를 조절해야 한다고 했다.

필자 : 두 번째 비결은요?
지인 : 꾸준한 운동입니다.

다이어트에 성공하려면 운동을 꾸준히 해야 한다는 것이다. 하루 이틀 운동한다고 해서 효과가 나타나는 것이 아니다. 그는 지난 6개월 동안 헬스장에서 매일 1시간 이상 유산소 운동을 꾸준히 했다고 했다.

필자 : 마지막 세 번째 비결은요?
지인 : 가장 중요한 것이 식생활 습관입니다.

운동을 열심히 하는 것도 중요하지만 식생활 조절이 안 되면 다이어트 노력은 헛수고라고 했다. 그는 식사량을 절반으로 줄였다. 식사할 때 밥을 절반으로 덜어 놓고 먹었다. 그래도 충분하더라고 그는 말했다.

핵심 내용은 3가지로 압축한다

세부 내용을 설명할 때는 3가지로 압축해서 설명하는 것이 좋다. 세부 내용을 설명할 때는 욕심을 버려야 한다. 많은 것을 설명하려는 욕심을 버리고 상대방에게 꼭 필요한 것을 세 가지로 압축해서 설명하는 것이 효과적이다.

"왜 세 가지로 압축해야 해요?"라고 질문하는 사람이 있다. 하나 또는 두 가지로 설명하면 부족하다는 느낌이 든다. 하나는 준비가 없었다는 생각이 들고, 두 개는 뭔가 2% 부족하다는 생각이 든다. 세 가지로 설명하면 안정감이 든다. 3이라는 숫자에는 완전이라는 의미가 들어 있기 때문이다.

의사봉은 왜 '땅! 땅! 땅!' 세 번 두들기는 걸까? 의사봉은 한 번을 두드리든, 두 번을 두드리든 상관이 없다. 꼭 세 번 두드려야 한다는 규정이 있는 것도 아니다. 그런데 왜 사람들은 의사봉을 '땅! 땅! 땅!' 세 번 두드리는가? 3에는 '완전함'이라는 의미가 들어 있기 때문이다.

실제로 의사봉을 들고 연습을 해 보자. 의사봉을 '땅!'하고 한 번만 두드려 보라. 너무 가볍다는 생각이 든다. 의사봉을 '땅! 땅!'하고 두 번 두드려 보라. 뭔가 부족하다는 느낌이 든다. 그럼, 의사봉을 '땅! 땅! 땅!'하고 세 번 두드려 보라. 느끼겠는가? 안정감이 든다. 충만하다는 생각이 든다. 그럼, 이번에는 네 번, 다섯 번을 두드려 보라. 너무 많다. 복잡하다.

그래서 그런가? 사람들은 무엇을 제시하거나 설명할 때 일반적으로 3가지로 정리해서 말한다.

쇼펜하우어는 '모든 진리는 세 단계를 거친다'라고 했다.

1. 조롱당한다.

2. 강한 반대에 부딪힌다.

3. 자명한 것으로 인정한다.

괴테는 '세상에는 반드시 있는 것이 3가지가 있다'고 했다.

1. 하늘에는 별이 있고

2. 땅에는 꽃이 있고

3. 사람의 마음속에는 사랑이 있다.

나는 말한다. 세상에는 반드시 없는 것이 3가지가 있다.

1. 비밀이 없다.

2. 공짜가 없다.

3. 정답이 없다.

정답을 찾지 말고 방법을 찾으려고 노력해야 한다고 강조할 때 내가 자주 하는 말이다.

우선 순위를 정한다

육상경기나 빙상경기에는 선수들이 이어 달리는 계주 경기가 있다. 계주 경기에서는 선수의 순서가 굉장히 중요하다. 어떤 선수를 첫 번째 주자로 내보내고 어떤 선수를 맨 마지막 주자로 내보내야 할 것인가에 대한 치열한 전략 싸움이 진행된다.

계주 경기에서 출전하는 선수를 전략적으로 정하는 것처럼 세부 내용을 3가지로 압축해서 설명할 때는 말할 내용의 순서를 정하는 것이 중요하다. 계주 경기에서 첫 번째 선수는 순발력이 좋은 선수를 선발하고 마지막 선수는 스퍼트가 좋은 선수를 선발하는 것처럼, 세부 내용을 설명할 때는 첫 번째는 상대방이 듣고자 하는 내용을 내세우고 마지막에는 핵심 사항을 내세우는 것이 좋다. 나는 이것을 '세부 내용 설명 ABC 전략'이라 한다.

● 세부 내용 설명 ABC 전략 ─────────

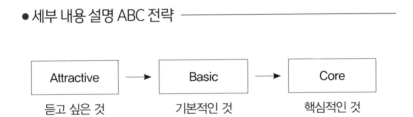

1. **Attractive**(듣고 싶은 것) : 첫 번째는 상대방이 듣고자 하는 것부터 꺼낸다.

244

핵심 내용을 세 가지로 압축해서 말할 때 가장 먼저 꺼내는 말은 상대방이 듣고 싶어 하는 말로 시작한다. 즉, 상대방이 듣고 싶어 하는 결론부터 말하는 것이다.

앞의 다이어트 성공 사례에서 지인은 '인풋 아웃풋'이라는 말을 제일 먼저 꺼냈다. 다이어트 성공 비결을 한마디로 압축한 말이다. 이 말을 들었을 때 나의 반응은 고개를 끄덕이는 것이었다. 그가 꺼낸 첫 번째 다이어트 비결에 공감하게 되었고 그래서 두 번째 비결을 궁금해하며 집중해서 듣게 되었다.

한 기업에서 '전자결제 시스템'을 도입할 때의 일이다. 전자결제 시스템의 필요성과 효과에 관해서 설명하는 사람이 이렇게 말했다.

"전자결제 시스템을 도입하면 월 7천만 원의 비용이 절감됩니다. 6개월이면 설치비용을 전액 회수할 수 있게 되는 것이죠."

결정권자가 가장 듣고 싶어 하는 말이었다. 전자결제 시스템이 시대의 흐름이고 또 설치하기는 해야 하는데 정작 망설이는 이유가 경비 문제였다. 이 부분의 걱정을 해결해 주기 위해서 제일 먼저 꺼낸 카드가 경비 절감 효과 카드였다. 핵심 내용을 설명하는 단계에서 첫 번째 꺼낸 카드가 상대방이 솔깃해하는 것을 꺼내는 것이었다.

2. Basic(기본적인 것) : **두 번째는 기본적인 것을 꺼낸다.**

기본적이라고 해서 중요하지 않은 것을 말하는 것이 아니다. 두 번째 제시하는 내용은 첫 번째 요소보다는 호기심이 떨어지고, 마지막 세 번째 요소보다는 조금 중요도가 덜하다는 것을 말하는 것이다. 육상 계주에서 중간에 뛰는 선수는 자기 역할에 충실한 선수를 내세우는 것과 같다.

앞의 사례에서 지인은 다이어트 성공 비결을 세 가지로 압축해서 설명했다.

1. 인풋 아웃풋(input, output)

2. 꾸준한 운동

3. 식생활 습관

첫 번째로 꺼낸 '인풋 아웃풋'은 다이어트 성공 비결을 한마디로 표현한 결론이다. 상대방이 듣고자 했던 말이다. 두 번째로 꺼낸 '꾸준한 운동'은 다이어트 성공이 필수적인 요소이지만 그 중요도에 있어서 다른 것에 비해 약간 떨어진 기본적인 내용이다. 그래서 두 번째로 꺼냈다.

3. Core(핵심적인 것) : 맨 마지막은 가장 핵심적인 것을 꺼낸다.

세부 내용을 설명할 때 핵심적인 것을 맨 마지막에 제시한다. 핵심적인 사항을 왜 맨 마지막에 꺼내야 하는가? '최신효과(recent effect)' 때문이다. 여러 개의 정보가 차례대로 제시되는 경우 앞의 내용보다는 맨 나중에 제시된 정보를 보다 많이 기억하는 경향이 있다. 이것을 '최신효과'라고 한다.

초등학생을 대상으로 실험을 해봤다. 기린, 사자, 코끼리에 대해 차
례로 설명해 준 다음 가장 기억에 남는 동물이 무엇이냐고 물었다.
많은 학생들이 코끼리라고 대답했다. 이번에는 다른 그룹의 학생들
에게 동물의 순서를 바꿔서 코끼리, 사자, 기린 순으로 설명하고 어
떤 동물이 더 기억에 남느냐고 물었다. 많은 학생들이 기린이라고 대
답했다. 맨 나중에 말한 것을 더 많이 기억하는 최신효과가 작용한
것이다.

듣고자 하는 것은 맨 앞에
핵심적인 것은 맨 나중에

공감 소통에서도 최신효과가 적용된다. 핵심 내용을 설명하는 과
정에서 여러 가지 정보를 차례로 제공하는 경우 사람들이 가장 많이
기억하는 것은 맨 마지막에 제시한 내용이다. 그래서 세부 내용을 설
명할 때는 가장 중요한 내용을 맨 나중에 제시하는 것이다.

다이어트 성공 비결에서 제일 중요한 것은 식생활 습관이다. 상대
방이 반드시 기억해야 할 핵심이다. 그래서 최신효과를 염두에 두고
맨 마지막에 이 말을 꺼냈다.

날마다 사람들이 줄을 서서 기다리는 유명한 맛집이 있다.
삼계탕이 주메뉴인데 중국 관광객, 일본 관광객이
관광 필수 코스로 꼽는 맛집이다.
이 맛집의 성공 요인을 3가지로 압축해서 설명하려 한다.
무엇부터 말하고 어떤 순서로 말해야 할까?

1 **Attractive** : 상대방이 듣고자 하는 것

2 **Basic** : 기본적인 것

3 **Core** : 가장 핵심적인 것

스토리가 더해지면 소통이 다이내믹해진다
– 스토리텔링

상황 : 마이산 스토리

문화해설사가 관광객 두 명과 함께 마이산을 오르고 있었다.

문화해설사 : 우리가 흔히 마이산은 말의 귀를 닮았다고 해서 붙여진 이름이라고 알고 있잖아요.

관광객 : 네.

문화해설사 : 그런데 마이산은 시대별로 다른 이름을 가지고 있는 거 아세요?

관광객 : 그래요?

문화해설사 : 신라 때는 서다산, 고려 때는 용출산, 조선 초기에는 속금산으로 불렀어요.

관광객 : 아~!

문화해설사 : 지금은 마이산이라고 부르고 있는데 그 이름 이면에
는 정치적인 문제가 있어요.

관광객 : 정치적인 문제요?

문화해설사 : 조선을 세운 태조가 이 산을 방문했을 때 이 산의 이
름을 속금산(束金山)이라고 했어요. 묶을 속(束)자, 쇠 금(金)자 잖
아요. 금을 쇠로 묶었다는 뜻이에요.

관광객 : 아, 예~.

문화해설사 : 조선 건국을 준비하던 이성계는 '목(木)'씨 성인데 이
산은 '금(金)' 기운이 가득했어요. 목과 금은 서로 상극이잖아요.
그래서 자신이 임금이 되는 데 방해가 되는 기운을 막기 위해서
이 산을 꼼짝 못 하게 묶어놓는다는 뜻으로 '속금산'이라고 했다
는 것이죠.

관광객 : 네~.

문화해설사 : 그런데 아드님이신 태종은 아버지가 지은 산의 이름
을 지웠어요. 속금산에서 말의 귀를 닮았다는 마이산으로 이름
을 바꾼 거죠.

관광객 : 우와, 재미있네요.

문화해설사 : 또 있어요. 이 산은 계절별로 부르는 이름이 달라요.

관광객 : 그래요?

문화해설사 : 봄에는 멀리서 보면 배의 돛대처럼 생겼다 해서 돛대

봉, 수목이 울창한 여름에는 용의 뿔과 같다고 해서 용각산, 단풍이 곱게 물든 가을에는 말의 귀와 같다고 해서 마이산, 겨울에는 눈이 많이 내려도 산꼭대기에는 눈이 쌓이지 않아 먹물에 찍은 붓끝과 같이 보인다고 하여 문필봉이라고 불리고 있죠. 재미있죠?

관광객 : 네~.

문화해설사는 탁월한 스토리텔러다. 평범하고 무미건조해 보이는 것일지라도 그는 재미있는 스토리와 연결해서 듣는 사람이 특별함을 느끼도록 하고 그의 이야기에 흠뻑 빠져들게 한다. 죽어있는 것도 살려내고 의미 없는 것들도 문화해설사를 만나면 새로운 의미를 갖게 된다.

모든 것들이 스토리텔링 요소다

어떻게 상대방의 관심을 극대화할 것인가? 어떤 방법으로 접근해야 상대방이 내가 하는 말에 흥미와 관심을 가지고 따라오게 할 수 있을까? 그 한 가지 방법이 스토리를 이용하는 방법이다. 스토리를 이용해서 상대방의 관심을 극대화하도록 분위기를 만들어 가는 것이다. 사람들은 스토리에 열광한다. 스토리가 연결되면 없던 관심도 용솟음치게 되고 아무것도 아닌 하찮은 것일지라도 스토리가 더해지면 관심이 극대화된다.

> 사실은 설득하지 못한다. 느낌이 할 수 있다.
> 그런 느낌을 얻는 가장 좋은 방법은 스토리다.
> - 톰 어새커

우리 주변에서 일어나고 있는 모든 것들이 스토리텔링 요소이다. 주변에 떠돌고 있는 에피소드나 비하인드 스토리 등 일상생활에서 보고, 듣고, 경험하고 느끼고 있는 모든 것들이 좋은 스토리텔링 요소들이다.

- 내가 체험했던 이야기
- 내가 보고 관찰했던 이야기
- 주변 사람이 겪었던 이야기

- 언론을 통해 알게 된 이야기
- 지역이나 지명에 관련된 이야기
- 이름이나 상호에 얽힌 이야기

지역이나 지명에 관련된 스토리텔링 사례이다. 도시 이름이 어떻게 만들어졌을까에 대한 이야기를 하고 있을 때였다.

필자 : 대전광역시의 '대전'이라는 이름이 어떻게 만들어졌게?

친구 : 글쎄?

필자 : 대전이라는 이름의 순우리말은 한밭(넓은 들판)이야.

친구 : 아~ 그래서 대전에 한밭대학교가 있는 거구나.

필자 : 그렇지. 한밭이라 불리던 이름이 조선 초기에 한자로 대전(大田)으로 표기되었고, 이것이 지금까지 대전으로 불리는 거지.

주변에서 일어나고 있는 일상적인 것들을 스토리와 연결해 보라.

친구 : 요즘은 식당 이름이 독특해야 뜨는 것 같아.

필자 : 맞아. 그래서 말인데…… 너 영어 좀 하지? 이것 한번 읽어 볼래?

친구 : babidabida. 이게 영어라고? 아랍어 같은데?

필자 : '밥이 답이다'를 영어로 표기한 거야. 얼마 전에 우리 동네에

새로 오픈한 식당인데 간판이 이렇게 되어있더라고. 호기심에 한 번 들어가 봤는데 한식집이더라고.

주변에서 일어나고 있는 일상적인 것들이 이렇게 재미있는 스토리텔링 요소가 된다.

1인칭 스토리로 말한다

스토리텔링에는 두 가지 방법이 있다. 하나는 1인칭 스토리로 이야기하는 것, 다른 하나는 3인칭 스토리로 이야기하는 것이다. 1인칭 스토리는 내가 직접 경험하고 겪었던 이야기를 내가 주인공이 되어 전하는 방법이다. 반면에, 3인칭 스토리는 일명 '카더라 통신'이라고 한다. 남의 이야기를 관찰자 시각에서 3인칭으로 전하는 것이다. 누가 이랬다더라는 식으로 남이 경험했던 이야기를 전하는 것이 3인칭 스토리 방법이다. 여기서 질문. 상대방이 공감을 빨리 갖게 하려면 어떤 방법으로 이야기하는 것이 좋을까?

1. 1인칭 스토리?
2. 3인칭 스토리?
3. 1인칭 스토리든 3인칭 스토리든 상관없다.

정답은 1인칭 스토리다. 3인칭 스토리는 남의 이야기를 단순하게 전달하는 것이기에 쉽게 공감이 되지 않는다. 1인칭 스토리는 내가 직접 경험한 것을 내가 주인공이 되어 내 언어로 생동감 있게 전하기 때문에 공감이 쉽게 된다.

특별한 경우가 아니라면 내가 직접 경험한 이야기를 1인칭 스토리로 전달하는 것이 좋다. 남이 겪을 일들을 전하는 경우라 하더라도 내 것으로 소화해서 1인칭 스토리로 말하면 공감력이 향상된다.

친구와 함께 핸드폰 에티켓에 대한 이야기를 하고 있을 때였다.

필자 : 핸드폰 벨소리 때문에 문제가 되는 경우가 종종 있잖아.

친구 : 그렇지. 가끔가다 얼굴을 찌푸리게 하는 사람들이 있더라고.

필자 : 핸드폰 벨소리를 울리지 않게 해야 할 때가 있지. 극장에서 영화를 볼 때나 장례식장에서 조문할 때가 그렇잖아.

친구 : 그렇지. 회의 중에도 핸드폰 벨소리가 울리는 사람이 있어.

필자 : 그래! 한 2년 전쯤 친구가 모친상을 당했을 때 재미있는 일이 있었어. 장례식장에서 조문하고 있는데 뒤에서 조문하기 위해 기다리고 있던 사람의 핸드폰이 울리는 거야. 장례식장에 들어오기 전에 핸드폰 벨소리를 죽이는 것을 깜박한 거지. 그런데 그의 핸드폰 벨소리가 죽여주더라고.

친구 : 뭐 이상한 거였어?

필자 : ♪릴~리리야~ ♬릴리리~ ♩릴리리 만~보~♬♪

친구 : 야~ 그 사람 참 ㅋㅋ

내가 직접 경험했거나 보았던 것을 1인칭으로 이야기하면 상대방이 쉽게 공감하게 된다. 효과적인 스토리텔링은 다음의 세 단계의 프로세스를 거치게 된다.

● 효과적인 스토리텔링을 위한 프로세스 ─────────

1. 오프닝 멘트

- 오프닝 멘트는 짧게 하는 것이 좋다.
- 첫마디는 짧고 강한 인상을 주는 말로 시작한다.
- 호기심을 유발하게 하는 질문으로 시작한다.
- 구체적인 시간과 장소로 시작한다.

오프닝 멘트는 서론 없이 바로 시작하는 것이 좋다. 일반적으로 호기심을 유발하게 하는 질문으로 시작한다.

"그거 알아요? 마이산에 숨겨진 비밀?" 등과 같은 질문으로 시작하면 사람들이 '어?'하는 반응을 보이게 된다. 내가 던진 첫마디에 사람들의 호기심이 생긴 것이다.

오프닝 멘트에는 구체적인 시간과 장소를 이야기하면 상대방의 호기심을 집중시킬 수 있다. "2년 전에 친구 모친상에서 내가 겪었던 황당한 일이야."

2. 메인 스토리

- 입체적으로 설명한다.
- 갈등 요소를 적절히 활용한다.
- 맞장구가 더해지면 이야기가 더욱 활성화된다.

메인 스토리를 말할 때는 입체적으로 설명하는 것이 좋다. 의성어, 의태어 등을 활용해서 구체적인 그림이 그려지게 한다. 강조하고 싶은 말이 있을 때는 열심히 말하던 이야기를 멈추고 1~2초 가만히 있어 보라. 그러면 상대방의 관심이 더 집중된다.

갈등 요소를 적절히 활용한다. 이야기에 갈등 요소가 더해지면 밋밋한 스토리가 다이내믹해진다. "태조 이성계는 마이산을 속금산으로 했어요. 그런데 태종 이방원은 아버지가 지은 산의 이름을 지웠어요."

아버지와 아들의 갈등이 보인다. 그 갈등이 어디서부터 시작되었는지, 그 갈등이 어떻게 전개되었는지, 그리고 그 갈등이 마지막에 어떻게 끝났는지 궁금해진다.

맞장구가 더해지면 이야기가 더욱 활성화된다. 나 혼자 일방적으로 이야기하는 것이 아니라 서로 맞장구를 쳐가면서 주거니 받거니 대화를 이어가는 것이 좋다. 그러기 위해 참여 질문을 활용한다.

3. 클로징 멘트

- 긍정적인 여운을 남기게 한다.
- 스토리를 한마디로 정리한다.

마무리는 긍정적인 여운을 남기는 것이 좋다. 이제까지 이야기했던 스토리의 핵심을 한마디로 정리하면서 이야기를 끝내는 것이 좋다.

"용의 뿔과 같다고 해서 용각산, 단풍이 곱게 물든 가을에는 말의 귀와 같다고 해서 마이산, 겨울에는 눈이 많이 내려도 이 산꼭대기에는 눈이 쌓이지 않아 먹물에 찍은 붓끝과 같이 보인다고 하여 문필봉이라고 불리고 있죠. 재미있죠?"

마이산에 대한 이야기가 과거에서 현재로 옮겨지면서 문화해설사의 마이산 스토리텔링은 끝을 맺는다. 과거 이야기에서 그치는 것이 아니라 현재에도 이야기는 계속 진행되고 있음을 느끼게 된다.

공감 소통 Note

> '시련은 추억이 되고 고난은 스토리가 된다'
> 라는 주제로 자신의 경험담을 공유하려 한다.
> 스토리텔링으로 연습해보자.

1 오프닝 멘트

상대방의 관심을 자극하는 첫마디

2 스토리

경험담, 에피소드, 비하인드 스토리

3 클로징 멘트

인상 깊은 마무리 한마디

화난 사람도 내 편으로 만드는 방법이 있다
- 카타르시스 전략

상황 : 견인 차량 보관소에서 있었던 일

불법주차 차량 견인 보관소에서 일었던 일이다. 택시에서 내린 한 고객이 씩씩거리면서 큰 소리부터 지른다. 목소리 큰 사람이 이긴다는 법칙의 신봉자였던 것 같다. 일단 소리부터 지르는 것이었다.

고객 : 어느 놈이 내 차 끌고 왔어?

직원 1 : 선생님, 흥분하지 마시고 차분하게 말씀하십시오.

고객 : 아니, 내가 지금 흥분하지 않게 생겼어? 어느 놈이 내 차 끌고 온 거야?

직원 1 : 선생님, 욕하지 마시고 좋게 말씀하세요. 불법주차는 선생님이 해 놓고 왜 욕을 하십니까?

그의 말에 고객은 더 화가 나서 입에 담지 못한 막말을 하는 것이었다.

고객 : 뭐야, 이 XX, 여기 책임자 누구야? 책임자 나오라고 해.

잠시 후 다른 직원이 나왔다. 50세가 넘어 보이는 중년 남자였다.

고객 : 당신이 여기 책임자야?

직원 2 : 예, 선생님. 제가 관리부장입니다.

고객 : 직원들 똑바로 교육시켜! 저 XX는 뭐야?

직원 2 : 선생님, 화가 많이 나셨네요. 제가 대신 사과드리겠습니다.

고객 : 됐고. 당신들 말이야, 무슨 근거로 내 차 끌고 온 거야?

직원 2 : 선생님, 잠깐 이쪽으로 들어오시겠습니까?

항의하는 고객을 상담실로 안내했다. 여러 사람이 있는 곳에서 조용한 사무실로 장소를 바꾼 것이다. 차 한 잔을 내놓으면서 고객이 불만 사항을 이야기하도록 분위기를 만들어줬다.

고객 : 급한 일이 있어 골목길에 잠깐 주차해 놓고 볼일을 보고 나왔어. 5분도 채 걸리지 않았어. 그런데 어라, 주차해 놓은 자리에 내 차가 없는 거야. 땅바닥에 덜렁 딱지 한 장만 붙어있더라고.

그는 고객이 하는 말을 듣고만 있었다. 그러면서 고객이 말하는 중간에 "아~ 예, 그러셨군요", "많이 당황하셨겠네요", "화가 날 만도 하시네요", "저도 같은 상황이라면 선생님 같았을 겁니다" 등과 같은 말로 맞장구를 쳐주고 있었다. 그렇게 5~10분 정도 시간이 흘렀을까. 큰 소리로 떠들어대던 고객의 목소리가 조금씩 낮아지기 시작했다.

고객 : 에이, 할 수 없죠. 불법 주차한 내가 잘못이지.

이렇게 말하면서 카드로 결제하고 차를 찾아가는 것이었다. 첫 번째 직원은 고객을 설득하려고 했었다. 그러나 그는 고객을 설득하기는커녕 자기만 스트레스를 받고 있었다. 두 번째 직원은 공감 소통으로 임했다. 상대방을 설득하려 하기보다 먼저 카타르시스가 일어나게 했다. 그랬더니 문제가 원만하게 해결된 것이다.

카타르시스가 일어나게 하라

사람의 마음을 움직이는 효과적인 방법은 무엇일까? 화난 사람도 내 편으로 만드는 방법은 무엇일까? 결론부터 말하면 카타르시스가 일어나게 하는 것이다.

'카타르시스(catharsis)'라는 용어가 있다. 이 말은 정화, 배설을 뜻하는 그리스어인데 종교 분야에서 정화라는 의미로 쓰일 뿐만 아니라 의학 분야에서 몸 안의 불순물을 배설한다는 의미로도 쓰인다.

'모든 비밀은 ☐☐☐☐가 알고 있다.'

☐☐☐☐ 안에 들어갈 단어는 무엇일까? 정답은 성당 신부이다. 먼저 종교적인 면에서 카타르시스가 사용되었다. 성당에 다니는 사람은 마음으로 지은 죄, 행동으로 지은 죄를 신부에게 가서 다 털어놓는다. 이를 '고해성사'라고 한다. 신부에게 마음속에 있는 것을 다 털어놓고 돌아서면 마음이 후련해진다. 카타르시스가 일어났기 때문이다.

카타르시스를 활용하고 있는 또 다른 곳이 정신과 병원이다. 정신과 병원에서 환자들을 치료할 때 많이 쓰는 방법이 카타르시스이다. 의사는 환자에게 카타르시스가 일어나게 한다.

40대 주부들 중 정신과를 찾는 사람이 부쩍 늘었다고 한다. 경기가 어려워져서 소득이 줄고, 물가는 올라가고, 스트레스는 쌓인다. 이런 것들이 쌓이고 쌓여서 우울증으로 발전하게 되었다. 그러면 정신과에서 우울증 환자를 치료하는 방법이 무엇일까? 우울증 환자가 마음속에 있는 것을 다 털어놓게 한다. 시어머니에 대한 문제, 남편에 대한 문제, 자녀들에 대한 문제 등 마음속에 쌓여 있는 문제들을 20~30분 동안 눈물 콧물 흘리면서 다 털어놓게 만든다. 마음속에 켜켜이 쌓여 있는 것들을 다 털어놓으면 마음이 후련해진다. 카타르시스가 일어났기 때문이다.

화난 사람, 감정이 상한 사람도 내 편으로 만드는 방법이 있다. 상대방에게 카타르시스가 일어나도록 하면 된다. 마음속에 켜켜이 쌓여 있는 응어리를 밖으로 배출하게 하면 된다. 상대방에게 카타르시스가 일어나게 하기 위해서는 4단계의 프로세스를 거치게 된다.

● 카타르시스 소통 스킬 4단계 ─────────────

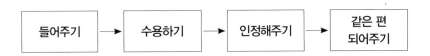

1단계 : 들어주기(경청) – 말 끊지 않기

2단계 : 수용하기 – 반론 제기하지 않기

3단계 : 인정해주기 – 맞장구 치기, 응원해주기

4단계 : 같은 편 되어주기 – 상대방 용어로 말하기, 상대방 입장에서 말하기

1단계 : 들어주기

– 상대방이 말을 많이 하게 한다.

– 중간에 말을 끊거나 끼어들지 않는다.

– 전심으로 들어준다.

상대방에게 카타르시스가 일어나게 하기 위한 첫 번째 단계는 들어주기이다. 내가 말을 많이 하는 것이 아니라 상대방이 말을 많이 하게 한다.

앞의 사례에서 소개했던 견인 차량 보관소에 근무하고 있는 직원 1의 경우를 보라. 그는 고객의 말을 들어주려 하지 않았다. 고객이 잘못해놓고 왜 여기 와서 생트집이냐는 식으로 자기 입장에서 접근하고 있음을 보게 된다. 그에게 정철의 《불법 사전》이라는 책에 실린 이 글을 말해주고 싶다.

말을 많이 하는 사람은 속담 하나도 끝까지 듣지 않는다.
'침묵은 금이다'라는 속담도 '침묵은'까지만 듣고 그만 듣는다.
내 말 하기 바쁘니까. '침묵은'까지만 듣고 '침묵 = 은'으로 받아들여 버린다.
그래서 세상이 시끄러운 것이다. 금과 은의 차이만큼 시끄러운 것이다.
속담은 이렇게 바꿔어야 한다. 침묵이 금이다.[5]

들어주기의 중요성을 말한 것이다. 상대방이 말할 때 중간에 말을 끊지 말고 끝까지 들어야 한다는 것을 강조한 말이다. 중간에 말을 끊지 마라. 상대방이 말하고 있는데 중간에 말을 끊거나 끼어들려고 하고, 상대방을 설득하려고 덤비는 사람이 있다. '침묵은'까지만 들

---

5) 정철, 《불법 사전》, 리더스북, 2010

는 것과 같다.

그러나 직원 2의 경우는 달랐다. 자기가 말하기 전에 상대방이 말을 많이 하도록 유도했다. 그의 마음속에 있는 울분을 다 토해내도록 했다. 그랬더니 고객에게 카타르시스가 일어나게 되었고 스스로 결제하고 돌아가게 되었다.

2단계 : 수용하기

- 반론을 제기하지 않는다.
- '아니요' 소리 하지 않는다.
- 시시비비를 따지지 않는다.

두 번째 단계는 수용하기이다. 상대방이 말이나 주장을 있는 그대로 인정하고 수용하는 것이다. 이 단계에서 필요한 것은 인내심이다. '아니요'라고 반론을 제기하고 싶더라도 참아야 한다. 상대방의 말에 반론을 제기하고 싶은 말이 턱밑까지 올라오더라도 감정을 꾹꾹 눌러 참아야 한다. 인내심을 가지고 상대방이 하는 말을 들어주고 인정해주는 것이 필요하다.

나를 내려놔야 한다. 나를 내려놓는다는 것은 자존심을 내려놓는다는 것이다. 시시비비를 따지는 사람이 있다. 너는 틀렸고 나는 옳다는 식으로 시시비비를 따지는 사람은 나를 내려놓지 못한 사람이다. 자존심을 내려놓지 못한 사람이다. 자존심이 상하는 것을 두려워하는 사람이다. '내가 죽어야 결국 내가 산다'는 말을 잊지 말라. 자존심을 내려놔야 자존감이 올라간다. 자존심과 자존감은 다르다. 자존심은 다른 사람을 의식하는 마음이다. 상대방으로부터 자신의 권위, 가치, 품위, 체면 등을 지키려는 마음이다. 그러나 자존감은 자신을 의식하는 마음이다. 자신을 스스로 사랑하고 존중하는 마음이다.

규칙 1. 고객은 항상 옳다(The customer is always right).

규칙 2. 만약 고객이 옳지 않다고 생각되면 '규칙 1'을 다시 읽어라
(If the customer is ever wrong, reread rule #1).

미국 스튜 레오나드(Stew Leonard) 슈퍼마켓 출입구에 새겨져 있는 문구이다.

고객에게 시시비비 따지지 마라. 고객은 언제나 옳다. 만약 고객이 무모한 요구를 하는 등과 같이 고객이 틀렸다는 생각이 들 때는 '규칙 1'을 다시 읽으면서 마음을 다잡으라. 이것이 이 문구가 우리에게 하는 말이다. 어떤 경우든 고객은 옳다고 수용하는 마음을 가지라는 것이다. 자존심을 버려야 자존감이 올라간다는 말이다.

상대방에게 카타르시스가 일어나게 하기 위해서는 상대방은 언제나 옳다는 마음을 가져야 한다. 그래야 상대방이 하는 말을 인정해 줄 수 있고 수용할 수 있게 된다. '상대방은 언제나 옳다.' 이것이 수

용하는 마음이다.

3단계 : 인정해주기

- 맞장구를 쳐준다.
- 상대방 말을 복창해준다.
- BMW 법칙을 따른다.

세 번째 단계는 인정해주기이다. 이 단계에서는 '1·2·3 법칙'을 따르는 것이 좋다. 데일 카네기는 그의 저서에서 '1·2·3 법칙'을 소개했다. 내가 한 번 말하면 상대에게 두 번 말할 기회를 주고, 상대가 두 번 말할 때 세 번 맞장구를 쳐주라는 것이다. 손해 보는 것이 아니라면 따르지 못할 이유도 없다.

인정해주기 단계에서는 열심히 맞장구를 쳐주는 것이 중요하다. 맞장구를 칠 때는 'BMW 법칙'을 활용해보라.

1. Body Language : 상대방의 '행동 따라 하기'이다. 상대방이 말할 때 쓰는 행동이나 제스처를 그대로 따라 하는 것이다. 그러면 상대방은 나의 그런 모습을 보면서 자기와 똑같이 생각하고 느끼고 있다는 인식을 갖게 된다.

2. Mood : 상대방의 '감정 따라 하기'이다. 상대방의 표정을 보고

기분과 감정에 맞추어 맞장구를 쳐주는 것이다. 그러면 감정이
입이 되면서 공감의 깊이가 커지게 된다.

3. Word : '말 따라 하기'이다. 상대방이 하는 말을 앵무새처럼 따
라서 복창해준다. 상대방이 하는 말을 잘 따라가고 있다는 표시
이다. 이때 맞장구와 같은 추임새를 먼저 넣은 후 상대방이 말한
핵심어를 반복해 주면 효과는 더욱 커진다.

4단계 : 같은 편 되어주기

- 상대방 용어를 사용한다.
- 상대방 입장에서 말한다.
- 'Yes, But 화법'을 활용한다.

마지막 네 번째 단계에서는 상대편이 되어주는 것이다. 상대방의
입장에서 같이 기뻐하고 같이 슬퍼하는 모습을 보여주는 것이다. 이
단계에서는 되도록 긍정적인 단어를 사용하는 것이 좋다. 부정적인
분위기보다는 긍정적인 분위기를 만들기 위함이다. 또한 상대방에
게 기쁨을 주려고 노력하는 모습을 보여주는 것이 좋다. 내가 하는
말 한마디 한마디가 상대방의 기분을 좌우한다는 생각을 잊어서는
안 된다. 상대방의 기분이 활짝 갤 때 내 기분도 함께 좋아진다.

어쩔 수 없이 내 의견을 전달해야 할 때는 'Yes, But 화법'을 활용

한다. "선생님의 기분 저도 잘 압니다. 저 같아도 화가 났을 것 같아요. 그런데 저희 입장은 이렇습니다. 고객으로부터 민원이 접수되면 저희는 무조건 출동해야 합니다." 먼저 상대방의 말을 인정해주고 나서 내가 하고자 하는 말을 하는 화법이다.

> 자신의 실수로 새 제품을 고장 내놓고
> 무조건 다른 새 제품으로 바꿔 달라고 한다.
> 그와 충돌하지 않으면서 상담하려면 어떻게 해야 할까?
> 카타르시스 접근 방법을 적용해보자.

1 들어주기

- 경청
- 말 끊지 않기

2 수용하기

- 공감해주기
- '아니요' 하지 않기

3 인정해주기

- 맞장구 치기
- 복창해주기

4 같은 편 되어주기

- 상대방 용어 사용하기
- Yes, But 화법

싸우지 않고
품격있게 말할 수는 없을까?
- I-Message

상황 : 상급자 업무 지시에 못마땅한 두 사람

[직원 1의 사례]

과장 : ○○씨, 이거 정리해서 10시까지 보고서 올려줘.

직원 1 : 10시까지요? 그런데 지금 주시면 어떻게 합니까?

과장 : 왜? 못 하겠다는 거야?

직원 1 : 아니, 그게 아니고요. 과장님의 업무 지시는 항상 이런 방식이세요.

과장 : 무슨 소리야?

직원 1 : 업무 지시가 너무 일방적이세요.

과장 : 뭐가 불만인데?

직원 1 : 여유 있게 업무를 주시면 좋은데 시간이 급박하게 업무를 주시니까 스트레스를 받게 됩니다. 아휴~ 힘들어 못 살겠어요.

[직원 2의 사례]

과장 : ○○씨, 이거 정리해서 10시까지 보고서 올려줘.

직원 2 : 10시까지요? 시간이 굉장히 촉박하네요.

과장 : 그렇지? 10시까지 될 수 있을까?

직원 2 : 힘들어 보이긴 하지만 최대한 맞춰보겠습니다.

과장 : 고마워.

직원 2 : 그런데 과장님. 하나만 부탁드려도 될까요?

과장 : 뭔데?

직원 2 : 시간이 급박하게 업무를 주시니까 스트레스를 받게 되더라고요. 가능하시면 조금 여유 있게 주시면 안 될까요?

똑같은 상황인데 두 사람의 소통 방법은 확연히 달랐다. 직원 1은 '너'를 주어로 하는 You-Message(너-전달법), 즉 폭력 언어를 사용하고 있다. 이렇게 말하다 보니 그에게는 주변에 적이 많았다. 주변 사람들과 인간관계가 원만하지 못해서 그는 6개월이 안 되어 퇴사했다. 그러나 직원 2는 '나'를 주어로 하는 I-Message(나-전달법), 즉 비폭력 언어를 사용하고 있다. 그는 주변 사람들과의 관계가 좋았을 뿐만 아니라 유능한 직원으로 인정받고 있었다.

비폭력 언어가 정답이다

"네 나이가 몇 살인데 그것도 못해?"

"김 대리, 일을 이렇게밖에 못하나?"

"한 과장, 10시까지 보고서 올리라고 했는데 지금 뭐 하는 거야?"

"○○씨, 정신이 있어 없어. 내가 요구한 것은 이게 아니잖아?"

이 말들에는 공통점이 있다. 그게 무엇인지 보이는가? You-Message(너-표현법)이다. You-Message는 '너'로 시작하는 소통 방법인데 언어가 폭력적이다. '너는 도대체 왜 그 모양이야?'라는 식으로 상대방을 비난하고 질책하고 무시하는 폭력적인 소통 방법이다. 이런 폭력적인 언어가 사람들과의 관계를 망가뜨리고 정신을 피폐하게 만든다.

우리는 하루하루를 관계 속에서 살아가고 있다. 내가 어떻게 말하느냐에 따라서 사람들과의 관계가 살아나느냐 아니면 죽느냐가 결정된다. 어떻게 말해야 소통이 즐겁고 관계가 원만하게 살아날 수 있을까? 정답은 비폭력 언어를 사용하는 것이다.

비폭력 대화(Nonviolent communication)를 아는가? 마셜 로젠버그(Marshall B. Rosenburg)가 제시하고 발전시킨 공감 소통법이다. 상대방의 감정을 상하게 하거나 마음에 상처를 주지 않으면서 내 감정이나 의견을 전달하는 소통 방법을 '비폭력 대화'라고 한다. 상대를 비난하거나 비판하지 않으면서 자신의 마음을 솔직하게 표현하는 방법으로 내 마음을 알리고 상대방 마음도 알아주는 서로가 윈윈(win-win)하는 소통 방법이다. 비폭력 대화는 관찰-느낌-욕구-부탁의 네 가지 요소를 포함하고 있다.

관찰 상대방의 말이나 행동을 있는 그대로 관찰한다.

잘잘못을 따지지 않고 나의 감정을 개입시키지 않는다.

예시) ○○씨, 어제 약속 시간에 10분 늦게 도착했잖아.

느낌 상대방의 행동에 대한 내 느낌을 말한다.

즐거움, 슬픔, 무서움, 짜증남, 서운함 등을 표현한다.

예시) 가끔 약속 시간에 늦을 때마다 여러 생각을 하게 되더라고.

욕구 내가 느꼈던 욕구가 정확히 무엇인가를 파악한다.

그래야 상대방에게 내 니즈를 설명할 수 있다.

예시) 약속 시간을 지키는 것은 기본 중의 기본이라 생각해.

부탁 내가 바라는 것을 청유형으로 말한다.

구체적이고 긍정적인 부탁의 말로 한다.

예시) 다음부터는 약속 시간에 맞추어 미리 출발해 줄 수 있을까?

상대방의 말이나 행동을 관찰하고 내 느낌을 전달하여 욕구를 표현하고 상대방의 행동까지 부탁하는 방법으로 소통하는 것이 비폭력 대화법이다. 이 방법을 활용하면 상대방을 비난하거나 비판하지 않으면서 내 마음을 솔직하게 전달하게 되고 결과적으로 인간관계까지도 원만하게 된다.

'주어'를 바꾼다

폭력적인 말이 아니라 비폭력적인 말로 하기 위해서 가장 먼저 해야 하는 것이 '주어'를 바꾸는 일이다. 주어를 '너'에서 '나'로 바꾸면 폭력적인 말이 비폭력적인 말로 바뀌게 된다. 상대방의 말이나 행동이 거슬릴 때 나도 모르게 감정이 욱하고 올라온다. 그래서 무의식적으로 '너는 왜 그래?'라는 You-Message로 상대방을 비난하거나 교정하려 든다. 그러다 보면 언쟁하게 되고 감정이 격하게 되면서 싸움으로까지 번지게 된다. You-Message가 폭력 언어이기 때문이다.

감정이 욱한 상황에서도 싸우지 않고 평화적으로 소통할 수 있는 방법이 있다. 비폭력 언어 I-Message(나-전달법)를 사용하면 된다. 폭력 언어가 되느냐 비폭력 언어가 되느냐의 가장 큰 차이는 말할 때 주어를 어떤 것으로 시작하느냐는 것이다. '나'를 주어로 선택하면 비폭력 언어가 되고 '너'를 주어로 선택하면 폭력 언어가 된다. '나'를 주어로 하는 것이 I-Message이고 '너'를 주어로 하는 것이 You-

Message이다.

I-Message	You-Message
'나'를 주어로 사용	'너'를 주어로 사용
비폭력 언어	폭력 언어
수평적 언어	수직적 언어
권유, 의뢰, 부탁, 격려	지시, 명령, 통제, 비난
인간관계가 좋아진다	인간관계가 망가진다

〈You-Message〉

"당신은 도대체 왜 그래? 사람들 앞에서 그렇게 말하면 어떻게 해. 내 입장은 생각도 안 해?"

〈I-Message〉

"솔직히 오늘 많이 당황했어요. 사람들이 나를 어떻게 생각했겠어요. 내 입장도 좀 생각하면서 말하면 안 돼요?"

You-Message를 보라. 주어가 '너'이다. 말 속에 시커먼 먹구름이 잔뜩 끼어있다. 양팔을 허리춤에 두고 씩씩거리며 남편에게 쏘아붙이고 있는 아내의 모습이 그려지지 않는가? 금방이라도 우르릉 꽝꽝 요란한 천둥 번개와 함께 한바탕 소나기가 쏟아질 것만 같다. You-Message는 말에 가시가 돋쳐있고 공격적이고 폭력적이기 때문에 상대방이 저항감을 느끼게 하고 관계를 불편하게 만든다.

I-Message를 보라. 주어가 '나'이다. 사람들 앞에서 당황하고 어쩔 줄 몰라 했던 아내의 모습이 동영상을 보듯이 선명하게 보인다. 생각 없이 던진 남편의 말 때문에 당황하고 서운했던 아내가 자신의 감정을 솔직하게 말하고 있다. 더욱이 부드럽게 부탁하는 말로 하므로 남편이 미안한 마음을 갖게 하고 협력적인 자세로 바뀌게 한다.

I-Message를 습관화한다

싸우지 않고 품격있게 말하는 I-Message는 연습이 필요하다. 감정이 욱하고 올라오면 나도 모르게 '너'를 주어로 하는 You-Message로 말하기 쉽다. 그럴 때마다 의식적으로 '나'를 주어로 하는 I-Message로 말하려고 노력해야 한다.

처음에는 어색하고 불편할 수가 있으나 어떤 상황에서도 You-Message로 말하지 않고 I-Message가 자연스럽게 튀어나오게 하려면 연습하고 또 연습해야 한다. 먼저 I-Message의 기본부터 익혀보자. I-Message를 연습할 때 다음 3가지 요소를 넣어 말해보라.

● I-Message 표현법 ─────────────────────────

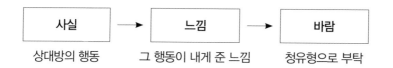

사실	→	느낌	→	바람
상대방의 행동		그 행동이 내게 준 느낌		청유형으로 부탁

1단계 : 사실

─ 상대방이 말이나 행동을 있는 그대로 말한다.

─ 내 감정이나 판단을 넣지 않는다.

─ '나는 ~할 때'라고 표현한다.

2단계 : 느낌

─ 상대방이 말이나 행동에 대한 내 느낌을 말한다.

─ 즐거움, 서운함 등의 느낌을 표현한다.

─ '~라는 느낌이 든다'라고 표현한다.

3단계 : 바람

─ 명령형이 아닌 청유형으로 말한다.

─ 감정을 앞세우지 않는다.

─ '그래서 말인데요~'라고 표현한다.

⟨You-Message⟩

"당신 지금 몇 시야? 늦으면 늦는다고 전화해야지. 기다리는 사람은 생각도 안 해? 다음에 또 늦어봐. 어이구~"

⟨I-Message⟩

"늦으면 늦는다고 전화 좀 주시지(사실). 전화도 안 되고 당신은 오지 않아서 걱정했어요(느낌). 다음에는 늦으면 미리 전화해줘요(바람)."

기본을 익혔으면 이제는 응용할 차례다. 기본이 탄탄해야 응용이 자연스럽게 나오게 되어 있다. I-Message로 말하는 기본 방법을 연습하고 또 연습하다 보면 '사실-느낌-바람'의 순서를 구분해서 설명하지 않더라도 짧고 간단하게 내 생각을 전달할 수 있게 된다.

"당신 생각은 틀렸어. 내가 맞아?" (X)
"나는 이렇게 생각해. 우리는 서로 보는 시각이 다른 거지." (O)

"당신이 먼저 전화해주어야 하잖아." (X)
"나는 당신이 먼저 전화해주면 고맙지." (O)

"너는 항상 네 입장만 생각하더라. 내 입장은 생각도 안 해." (X)
"내 상황도 많이 힘들어. 내 입장도 좀 생각해주면 좋겠어." (O)

회의 시간에 신입사원이 아무런 의견제시가 없다.

그냥 노트에 무엇인가 적기만 하고 있다.

소극적인 자세로 회의에 임하고 있다.

이럴 때 I-Message로 어떻게 말해야 할까?

1 사실

상대방의 행동

2 느낌

상대방의 행동이 내게 준 느낌

3 바람

청유형으로 부탁

때로는 논리적으로
설명해야 할 때가 있다
– PREP 설명법

상황 : 점심 뭐 먹을까?

[남자친구 1의 사례]

여자친구 : 오늘 점심 뭐 먹을까?

남자친구 1 : 1인 셰프가 운영하는 이탈리안 음식점이 있는데 지금
SNS에서 난리들이야. 하루 점심시간 3시간만 영업한다고 하더
라고. 예약 안 하면 먹을 수 없대. 음식값도 비싸지 않고.

여자친구 : 그래서, 뭘 먹자는 건데?

[남자친구 2의 사례]

여자친구 : 오늘 점심 뭐 먹을까?

남자친구 2 : 오늘 점심은 파스타 어때?

여자친구 : 파스타?

남자친구 2 : 자기랑 꼭 가고 싶은 음식점이 있어.

여자친구 : 어떤 집인데?

남자친구 2 : 1인 셰프가 운영하는 집인데 하루 점심시간에 딱 3시간 영업하는 집이야. SNS에서 난리들이야. 예약 안 하고 가면 먹을 수 없어. 음식값도 비싸지 않고. 가성비 짱!

여자친구 : 그래, 그게 좋겠다.

남자친구 2 : 오케이! 오늘 점심은 파스타다. 지금 예약할게~!

PREP 소통법을 익힌다

도대체 무슨 말을 하는지 알아들을 수 없게 답답하게 말하는 사람이 있고, 짧고 간단하면서도 이해하기 쉽게 말하는 사람이 있다.

위의 사례에서 남자 1의 경우가 소통을 답답하게 하는 사람이다. 무엇을 말하려고 하는지 초점이 없다. 자기 생각을 주절주절 늘어놓을 뿐 상대방에게 자기가 무엇을 말하려 하는지 콕 찍어서 말하지 못하고 뱅뱅 돌리고 있다. 그러니 상대방은 답답할 뿐이다. 참다못한 여자친구가 볼멘소리로 '도대체 뭘 먹자는 건데?'라고 쏘아붙인다.

반면에, 남자 2는 소통을 잘하는 사람이다. 상대방이 알아듣기 쉽게 자기 생각을 전달한다. 서로가 주거니 받거니 막힘 없이 소통이 잘 되고 있다. 그가 사용하고 있는 소통 방법이 'PREP 소통법'이다. 'Point(핵심)-Reason(이유)-Example(사례)-Point(결론)' 식으로 말하는 방법으로 '프렙(PREP) 소통법'이라고 한다. 영국의 처칠 수상이 즐겨 사용했다고 해서 '처칠 소통법'이라는 별명을 가지고 있다.

(Point) "오늘 파스타 어때?"

(Reason) "자기랑 꼭 가고 싶은 음식점이 있어."

(Example) "1인 셰프가 운영하는 집이야.

하루 점심시간 딱 3시간만 영업하는 집이야.

SNS에서 난리들이야.

예약 안 하고 가면 먹을 수 없어.

음식값도 비싸지 않고. 가성비 짱!"

(Point) "오케이! 오늘 점심은 파스타다. 지금 예약할게."

PREP 소통법은 자기 생각을 논리적으로 설명할 때 많이 사용하는 방법이다. 먼저 자기가 말하고자 하는 가장 중요한 내용, 즉 핵심을 말하고, 그다음에 이유를 밝힌 후 구체적인 사례나 근거를 제시한다. 그리고 나서 마지막으로 결론을 제시하면서 마무리한다.

● 논리적으로 설명하는 PREP 4단계 ────────────

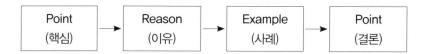

비데 제품을 생산하는 A 회사에서 있었던 일이다. 고객들로부터 사용하고 있는 비데 제품이 자주 고장이 난다는 민원으로 골머리를 앓고 있었다. 제품에 대한 신뢰도가 떨어지고 회사 이미지에 치명적인 문제를 일으키고 있었다. 연일 문제 해결을 위한 회의를 하고 있었다. 하루는 회의를 시작하자마자 한 사원이 말했다.

사원 : 부장님, 해결 방법을 찾았습니다.

부장 : 그래?

사원 : 문제는 콘트롤박스 뚜껑에 있었습니다.

부장 : 뚜껑이 어떻길래?

사원 : 뚜껑이 콘트롤박스와 분리되어 있는데 여기로 물이 흘러 들어갑니다. 그래서 물에 약한 전자기기가 자주 고장을 일으키죠.

부장 : 좀 더 자세히 설명해봐.

사원 : 여자들은 앉아서 비데를 사용하지만, 남자들은 소변을 볼 때 서서 일을 봅니다. 그러다 보니 소변이 비데에 떨어져 냄새가 나게 되죠. 그 냄새 때문에 물로 자주 청소합니다. 물청소가 잦다 보니 습기가 이 뚜껑을 통해서 스며 들어가 물에 약한 전자기기가 고장을 일으키고 있는 겁니다.

부장 : 그러면 어떻게 해야 할까?

사원 : 해결 방법은 간단합니다. 이 콘트롤박스를 뚜껑이 분리된 분리형이 아니라 뚜껑과 합쳐진 일체형으로 만들면 됩니다.

이 사례를 통해서 PREP 소통법이 어떻게 적용되고 있는지 살펴보자.

1단계 : Point(핵심)

- 핵심 포인트부터 말한다.
- 상대방이 듣고자 하는 한마디를 던진다.
- '어?'하는 호기심이 발동하게 한다.

회의에서 사원은 부장이 가장 듣고자 하는 말로 첫마디를 시작했다.
"부장님, 해결 방법을 찾았습니다."
이 한마디에 부장이 '그래?'하는 반응을 보였다. 사원이 하고자 하는 말에 호기심이 생긴 것이다. 그러자 사원이 하는 말, "문제는 콘트롤박스 뚜껑에 있었습니다."

여기까지가 PREP 소통법에서의 1단계 Point(핵심)이다. 소통할 때 가장 중요한 부분이 첫마디이다. 첫마디를 핵심적인 말로 시작해야 한다. 상대방이 듣고자 하는 말로 시작하는 것이다. 핵심적인 첫마디가 상대방이 내 말을 들을 준비하게 한다.

첫마디를 꺼내기 전에 상대방이 가장 듣고 싶어 하는 말이 무엇인가를 연구해야 한다. 상대방의 니즈에 맞춰서 첫마디를 던지기 위함이다. 상대방의 가슴을 헤집고 들어가는 말로 시작하기 위해서다.

첫마디에 핵심을 말하지 않고 이야기를 시작하면 어떻게 될까? 열심히 설명하고 있는데 상대방이 내 말을 끊으면서 "그래서 도대체 하고자 하는 말이 뭔데?"라고 하던가 "그래서 결론이 뭐야?"라고 하는 경우가 있다. 상대방의 입장에서는 시간이 금인데 하고자 하는 말이 불분명한 채 횡설수설하니까 답답하게 생각하는 것이다.

부장이 가장 듣고 싶어 하는 것은 '해결 방법'이라는 말이었다. 그래서 첫마디를 '해결 방법을 찾았습니다'로 시작한 것이다. 이 한마디가 부장의 호기심을 자극했다.

2단계 : Reason (이유)

– 말하고자 하는 근거를 짧게 설명한다.

- 간단하고 명료하게 말한다.
- 마중물 토크를 생각하라

"뚜껑이 콘트롤박스와 분리되어 있잖아요. 여기로 물이 흘러 들어 갑니다. 그래서 물에 약한 전자기기가 자주 고장을 일으키죠."

2단계 Reason(이유)에서는 첫마디의 핵심적인 말에 대한 이유를 말하는 것이다. 첫마디에 핵심적인 말, 즉 "해결 방법을 찾았습니다"라는 말로 상대방에게 호기심이 생기게 했다. 그다음에 상대방에게서 자연스럽게 나오는 것이 '왜?'라는 말이다. 왜 내가 당신 말을 들어야 하느냐 하는 것이다. 이 '왜?'라는 질문에 답을 제시하는 것이 Reason(이유) 단계이다. 이 단계는 짧게 답하는 것이 좋다. 상황에 따라 1~2개 정도의 이유면 충분하다.

3단계 : Example (사례)

- 구체적인 사례를 제시한다.
- 3가지 이내로 요약한다.
- 장황하게 설명하지 않는다.

(1) 여자들은 앉아서 비데를 사용하지만, 남자들은 소변을 볼 때

서서 일을 봅니다.

(2) 그러다 보니 소변이 비데에 떨어져 냄새가 나게 되죠.

(3) 그 냄새 때문에 자주 물로 청소합니다.

(4) 물청소가 잦다 보니 습기가 이 뚜껑을 통해서 스며 들어가 물에 약한 전자기기가 고장을 일으키고 있는 겁니다.

3단계 Example(사례)는 이성이 감성으로 넘어가는 단계이다. 논리의 영역에서 감성의 영역으로 바뀌는 순간이다. 구체적인 내용을 하나하나 설명할 때마다 부장의 입에서 '그렇지. 그렇지'하는 말이 자연스럽게 나오고 있는 것이 보이지 않는가?

처음 꺼냈던 첫마디, 즉 Point(핵심)를 데이터, 사실, 사례 등을 들어 설명함으로써 핵심 내용의 정당성을 지원하는 것이다. 사례를 제시할 때는 구체적인 사례와 통계 숫자를 활용해서 말하는 것이 좋다. 사례 부분에서 제시하는 내용이 탄탄하면 객관성이 높아지고, 상대방은 내가 하는 말에 신뢰를 갖게 된다.

4단계 : Point (결론)

- 마무리는 한마디로 정리한다.
- 첫마디는 상큼하게, 마무리는 깔끔하게!

– 앞에 설명한 내용을 한마디로 요약한다.

"해결 방법은 간단합니다. 이 콘트롤박스를 뚜껑이 분리된 분리형
이 아니라 뚜껑과 합쳐진 일체형으로 만들면 됩니다."

이 단계에서는 키워드는 같으나 표현은 다르게 하는 것이 좋다. 1
단계 Point(핵심)에서는 "해결 방법을 찾았습니다"라는 말로 시작했
다. 마지막 4단계 Point(결론)에서는 "해결 방법은 간단합니다"라는
말로 마무리했다. 같은 의미 다른 표현으로 말한 것이다.

PREP 소통법의 장점 중의 하나가 결론을 두 번 반복한다는 것이
다. 시작할 때 한 번, 마무리할 때 한 번, 이렇게 두 번 반복하기 때문
에 말하려는 것을 명확하게 상대방에게 전달할 수 있다.

PREP 소통법은 '내가 말하고 싶은 것'이 아닌 '상대방이 듣고자 하
는 것'에 초점을 맞추어 말하는 방법이다. 상대방의 입장에서 상대방
이 듣고자 하는 것을 일목요연하게 설명하는 방법이다.

공감 소통을 잘하는 사람들은 PREP 소통법으로 자기의 생각과 주
장을 논리적으로 설명함으로써 상대방이 쉽게 공감하게 하는 데 탁
월한 재능을 가지고 있음을 보게 된다.

공감 소통 Note

> 〈행복한 전원생활〉이라는 주제로 토의하고 있다.
> 내 생각을 상대방에게 쉽게 공감할 수 있도록 전달하고자 한다.
> 〈PREP 소통법〉으로 연습해보자.

1 Point(핵심)

상대방이 듣고자 하는 한마디

2 Reason(이유)

핵심적인 첫마디에 대한 이유

3 Example(사례)

구체적인 사례, 데이터

4 Point(결론)

결론, 요약

중앙경제평론사 Joongang Economy Publishing Co.
중앙생활사ㅣ중앙에듀북스 Joongang Life Publishing Co./Joongang Edubooks Publishing Co.

중앙경제평론사는 오늘보다 나은 내일을 창조한다는 신념 아래 설립된 경제·경영서 전문 출판사로서
성공을 꿈꾸는 직장인, 경영인에게 전문지식과 자기계발의 지혜를 주는 책을 발간하고 있습니다.

공감 소통

초판 1쇄 인쇄 | 2024년 6월 15일
초판 1쇄 발행 | 2024년 6월 20일

지은이 | 문충태(ChoongTae Moon)
펴낸이 | 최점옥(JeomOg Choi)
펴낸곳 | 중앙경제평론사(Joongang Economy Publishing Co.)

대　　표 | 김용주
책임편집 | 용한솔
본문디자인 | 박근영

출력 | 영신사　종이 | 한솔PNS　인쇄·제본 | 영신사

잘못된 책은 구입한 서점에서 교환해드립니다.
가격은 표지 뒷면에 있습니다.

ISBN 978-89-6054-333-1(03320)

등록 | 1991년 4월 10일 제2-1153호
주소 | ⑦ 04590 서울시 중구 다산로20길 5(신당4동 340-128) 중앙빌딩
전화 | (02)2253-4463(代) 팩스 | (02)2253-7988
홈페이지 | www.japub.co.kr 블로그 | http://blog.naver.com/japub
네이버 스마트스토어 | https://smartstore.naver.com/jaub 이메일 | japub@naver.com
♣ 중앙경제평론사는 중앙생활사·중앙에듀북스와 자매회사입니다.

도서
주문　www.japub.co.kr
전화주문 : 02) 2253 - 4463

https://smartstore.naver.com/jaub
네이버 스마트스토어

중앙경제평론사/중앙생활사/중앙에듀북스에서는 여러분의 소중한 원고를 기다리고 있습니다. 원고 투고는 이메일을
이용해주세요. 최선을 다해 독자들에게 사랑받는 양서로 만들어드리겠습니다. **이메일** | japub@naver.com